BIBLIOTHÈQUE
DE PHILOSOPHIE CONTEMPORAINE

LA SUPERSTITION SOCIALISTE

PAR

LE BARON R. GAROFALO
Conseiller à la Cour d'appel et professeur agrégé de l'Université de Naples

TRADUIT DE L'ITALIEN PAR AUGUSTE DIETRICH

PARIS
ANCIENNE LIBRAIRIE GERMER BAILLIÈRE ET Cie
FÉLIX ALCAN, ÉDITEUR
108, BOULEVARD SAINT-GERMAIN, 108

1895

LA SUPERSTITION
SOCIALISTE

AUTRE OUVRAGE DE M. GAROFALO

La Criminologie, *étude sur la nature du crime et la théorie de la pénalité*; quatrième édition, 1 vol. in-8 de la *Bibliothèque de philosophie contemporaine.* 7 fr. 50

AUTRES TRADUCTIONS DE M. AUG. DIETRICH

Dégénérescence, par Max Nordau. 2 vol. in-8 de la *Bibliothèque de philosophie contemporaine,* traduits de l'allemand. 17 fr. 50

La psychologie du beau et de l'art, par Mario Pilo. 1 vol. in-12 de la *Bibliothèque de philosophie contemporaine,* traduit de l'italien. . . . . 2 fr. 50

SOUS PRESSE :

Paradoxes psychologiques, par Max Nordau. 1 vol. in-12 de la *Bibliothèque de philosophie contemporaine.* . . . . . 2 fr. 50

Coulommiers. — Imp. Paul BRODARD. — 260-95.

LA SUPERSTITION SOCIALISTE

PAR

LE BARON R. GAROFALO

Conseiller à la Cour d'appel et professeur agrégé de l'Université de Naples

---

TRADUIT DE L'ITALIEN PAR AUGUSTE DIETRICH

PARIS

ANCIENNE LIBRAIRIE GERMER BAILLIÈRE ET Cie

FÉLIX ALCAN, ÉDITEUR

108, BOULEVARD SAINT-GERMAIN, 108

1895

PRÉFACE DE L'AUTEUR

POUR L'ÉDITION FRANÇAISE

Ce livre a été écrit à un moment où le dégoût du parlementarisme, la corruption dont on accusait plusieurs hommes politiques et une crise économique presque générale, faisaient désirer à tout le monde n'importe quel changement qui pût nous tirer d'un état de choses paraissant insupportable. On se tournait alors vers le socialisme. Le charme qu'avait jadis le mot « liberté », c'était le mot « socialisme » qui venait de l'acquérir. Ce sont là des mots magiques pour les foules, qui ne se rendent aucun compte de leur signification *spéciale*, parce que ces mots, comme tous les autres du même genre, comme « l'âge d'or » des temps anciens et le « royaume du Messie » des Israélites, ne signifient pour les foules qu'une seule et même chose, c'est-à-dire une aspiration à un monde meilleur et une réaction contre les injustices régnant actuellement.

D'un bout à l'autre de l'Italie, on avait commencé à prêcher la « révolution sociale », mais il est inutile de dire que les socialistes n'avaient garde de donner à ce mot une signification identique dans les différents milieux qu'ils s'étaient partagés pour l'évangélisation. Aux étudiants ils parlaient science, ils expliquaient le renouvellement de l'économie politique d'après la théorie de Karl Marx, la seule vraie, selon eux, et d'après laquelle la révolution sociale n'aurait été que la conséquence naturelle de la révolution économique qui s'accomplissait graduellement sous nos yeux. En s'adressant à la petite bourgeoisie, ils représentaient l'ordre actuel comme l'origine de tous les maux dont souffrait cette classe, et dont la révolution n'aurait pas manqué de la délivrer. Aux ouvriers des grandes industries, ils démontraient que le prolétariat n'est qu'une nouvelle forme d'esclavage introduite par les capitalistes pour mieux les exploiter : la révolution leur aurait assuré la jouissance du fruit entier de leur travail. Aux paysans, après avoir gémi sur leur misère, due uniquement à l'existence des riches oisifs, ils expliquaient que la révolution sociale n'était autre chose que la suppression des grands domaines. L'Italie étant un pays éminemment agricole, c'est cette dernière prédication qui avait le plus de succès. Lors des troubles de la Sicile en 1894, troubles causés par la misère des paysans et par les impôts vraiment excessifs des communes, les socialistes accoururent de tous les côtés, dans le noble but de souffler sur le feu. Des témoins oculaires m'ont raconté que, en quelques endroits, on fut à deux doigts des massacres. Du moment qu'on avait persuadé aux laboureurs que toute leur misère dépendait de quelques centaines de vampires, et qu'on avait crié : « Demain ils n'existeront plus! », les paysans avaient pris le mot « demain » au pied de la lettre. Ils avaient donc décidé de supprimer pendant la nuit les cinquante ou soixante richards de la commune. « Il faudra bien en passer par là, se disaient-ils, parce que, si on leur laisse la vie, le partage ne pourra jamais se faire ». Cette idée du partage des terres, qui est l'opposé du collectivisme, était pourtant la seule conclusion pratique qu'ils tiraient des déclamations contre les « jouisseurs ». Les apôtres du socialisme n'avaient garde de se récrier ni de dire, comme ils ne manquent jamais de le faire dans leurs écrits polémiques, que la révolution sociale signifie tout autre chose. Il fallait bien trouver le moyen d'exciter les paysans, et, dans un pareil milieu, on ne pouvait pas parler comme à l'université. Enfin, il s'agissait d'un soulèvement populaire, ce qui était toujours chose excellente!

On m'a reproché de m'être attaqué à la lettre des livres et des pamphlets socialistes, plutôt qu'à l'esprit du socialisme; j'aurais dû, dit-on, dégager la théorie des erreurs et des exagérations des écrivains batailleurs, et en examiner paisiblement la quintessence. Mais je ne comprends pas pourquoi je me serais donné toute cette peine. On prétend que le socialisme a une base scientifique dans la théorie de Karl Marx. Cette base, paraît-il, vient de s'écrouler ; un vrai désastre, causé par la publication de la troisième partie de l'œuvre *Das Kapital*. Mais enfin, c'est toujours une théorie sur laquelle on peut discuter, comme on discute des paradoxes ou des sophismes habilement mis en jeu. Il y a pourtant quelque chose qu'on présente séparément, sous une forme dogmatique, un catéchisme qu'on répand dans les masses pour les préparer à l'action. Or, cette partie de la doctrine, celle qu'on réserve pour le peuple, n'ai-je pas le droit de la suivre pour mon compte comme le premier ouvrier ou le premier laboureur venu? Parce que je ne suis pas encore tout à fait un prolétaire, n'ai-je pas, moi aussi, des oreilles pour entendre ce que vous racontez aux pauvres gens? N'ai-je pas le droit d'examiner l'effet moral de vos paroles et de constater que vous ne faites que répandre dans votre auditoire tout ce qu'on était convenu jusqu'à présent d'appeler de « mauvais sentiments »? Ne suis-je pas libre d'en faire mon profit et de vous dire que ce que vous préparez au nom de votre doctrine, ce n'est pas le collectivisme, ce n'est pas même, pour quelques années encore, le soulèvement des masses, c'est tout simplement l'œuvre la plus lâche et la plus détestable de démoralisation, qui tuera lentement tout ce que dans le peuple il y a encore d'instincts bons et généreux, en y substituant les convoitises les plus déraisonnables et les haines les plus féroces?

J'ai recueilli les paroles des écrivains les plus connus du socialisme; je les ai citées tour à tour, pour montrer ce qu'est en réalité cette doctrine, d'après ses apôtres. Car où le trouver le socialisme, si ce n'est dans les écrits des socialistes?

Ces derniers ont une étrange manière de répliquer à la critique. Montrez-vous les enfantillages de Malon : ils se hâtent de déclarer que Malon était un brave homme, seulement un peu confus. Citez-vous des passages absurdes de Bebel : « Bebel, vous répondent-ils aussitôt, est un peu utopiste; c'est un homme d'action; ce n'est pas lui qui représente le socialisme scientifique ». « Marlo, peut-être? — Henry George, alors? » — « Non, ils sont démodés. Il n'y a que Marx, le divin maître dont nul ne prononcera le nom sans mettre chapeau bas ».

C'est bien. Alors vous vous exécutez. Vous lisez, vous étudiez Marx, mais vous vous permettez de ne pas être de son avis, et vous le critiquez en reproduisant des pages entières de son ouvrage, en en citant d'autres, avec indication précise de l'édition.

« Ce n'est pas vrai! », crient-ils de tous côtés, à en perdre la voix. — « Ce n'est pas vrai! Vous n'avez pas lu Marx! Vous n'avez pas même vu le titre de ses livres! Ah! Vous prétendez connaître Marx! Quelle hardiesse! Marx est à nous. Il n'y a que les initiés qui aient le droit de comprendre et d'expliquer ces pages sacrées! »

Je croyais pourtant avoir lu Marx. Serais-je donc la dupe d'un rêve?.... Mais les pages que j'ai citées? — « Qu'est-ce que cela nous fait? — répondent-ils en chœur, — vous n'avez pas lu Marx, vous *n'avez pas pu* le lire! »

Mais j'entends aussi d'autres voix plus lointaines.

Ce sont celles des socialistes modérés; elles murmurent : « Marx a bien pu se tromper, mais la réfutation de la théorie ne signifie pas la destruction du collectivisme; et d'ailleurs, le collectivisme, à son tour, ne signifie pas tout le socialisme ».

Est-il permis de demander alors : Qu'est-ce donc que le socialisme? Comment! on nous avait dit jusqu'à présent que le collectivisme était devenu une théorie scientifique, parce que Marx en avait prouvé l'accord avec l'économie politique. Mais voilà que cette base s'effondre tout à coup sans qu'elle soit nullement remplacée. Des socialistes économistes le reconnaissent, ils déplorent la banqueroute de la théorie, et pourtant ils continuent à nous parler de socialisme scientifique! Il ne s'agit donc plus de collectivisme, puisque cette doctrine n'a plus de base? Par quel miracle pourrait-elle se soutenir en l'air?

Et si l'on renonce au collectivisme, c'est-à-dire à la socialisation du sol et des instruments de travail et à la destruction de toute propriété héréditaire, que peut-il donc rester de tout ce prétentieux échafaudage du socialisme?

Que pourra-t-on en sauver, si ce n'est des propositions de réformes partielles dans l'intérêt des pauvres, en tant qu'elles ne soient pas lésives du droit de propriété? Parce que, si la propriété n'est pas sociale, elle ne sera qu'individuelle ou familiale. Je défie quiconque de sortir de ce dilemme.

Mais alors, si ces réformes dans l'intérêt des pauvres ne lèsent pas le droit de propriété, nous ne les combattrons pas de parti pris, nous autres anti-socialistes; nous pourrons même nous trouver d'accord avec vous pour contribuer à la réforme de la législation sociale... Pourquoi vous posez-vous alors en parti révolutionnaire? Que voulez-vous révolutionner, puisqu'il ne s'agit que de réformer pour améliorer?

En un mot, si vous voulez détruire la propriété héréditaire, vous ne pouvez être que collectivistes, et vous ne sauriez alors vous dérober au jugement de la raison, qui vous déclare absurdes; si vous voulez sauver la propriété héréditaire, vous êtes dans l'ordre actuel, et ainsi vous ne pourrez plus être un parti révolutionnaire; vous serez tout au plus un parti d'économistes dont les idées pourront être acceptées ou repoussées selon les différents cas.

On m'a reproché mon irrévérence envers Marx. Ce reproche m'arrive non seulement des collectivistes, mais encore de ceux qui appartiennent à cette gradation indéfinissable du socialisme à laquelle je viens de faire allusion.

« Qu'on accepte ou qu'on n'accepte pas la théorie marxiste de la valeur, *peu importe;* mais il n'y a pas d'économiste qui se respecte, il n'y a pas d'homme de science sincère, qui ne reconnaisse en Karl Marx *le seul* penseur véritablement grand que la science économique ait eu à notre époque [1] ».

Il faut donc admirer Marx coûte que coûte. Il faut faire comme M. Loria, qui se répand en louanges

1. C'est ainsi que s'exprime M. Nitti dans la revue *La riforma sociale*, à l'article *La superstizione socialista*, 25 mars 1895.

sur ce surprenant génie, tout en prouvant que ce surprenant génie s'est trompé de fond en comble, et que, dans la dernière partie de son ouvrage, il a accompli un vrai suicide et a tué le collectivisme.

Je ferai donc comme M. Loria, un socialiste convaincu : je répéterai ses paroles. Est-ce bien? J'admettrai donc que Marx était un penseur, parce qu'il pensait; quant à cela, pas de doute. Mais qu'est-ce que ses pensées ont rapporté au monde, puisqu'il n'a pu lui donner qu'une théorie économique entièrement fausse, et dont les conclusions mêmes démentent les prémisses?

Tout cela pourtant, si je me posais en économiste, ferait de moi un adversaire, non pas un ennemi, comme on m'a reproché de l'être.

Oui, sans doute, je ne serais qu'un adversaire dans le domaine de la science, si le marxisme n'était pas sorti de ce domaine. Mais Marx a fait autre chose encore; il a appelé à lui tous les prolétaires du monde, pour les préparer à la lutte de classes. c'est-à-dire pour hâter, par une révolution politique, ce qui n'aurait dû être qu'une évolution naturelle, une transformation séculaire du système de production et de répartition de la richesse.

Alors, je deviens un ennemi. D'abord, ce qui me choque, c'est de voir l'apôtre du socialisme qui, dans un cabaret, accoudé devant une bouteille, affirme que la misère de ses auditeurs dépend de la richesse de ceux qui les font travailler. Dans cette répugnance que j'ai pour les agitateurs, il y a peut-être un élément instinctif. De tous les mots latins, celui que j'ai le mieux senti, c'est le « *Odi profanum vulgus* ». De ce mot je ferais volontiers ma devise. Je déteste les foules de tout genre. Je sens que les applaudissements des ignorants ne me procureraient pas le moindre plaisir, comme leurs huées me laisseraient indifférent. C'est une des raisons peut-être pour lesquelles je n'ai jamais songé à aucune candidature, pas même à celle d'un conseil municipal.

Mais si l'instinct y a sa part, cette répugnance est d'ailleurs justifiée par le raisonnement.

Je suis persuadé que ce que les foules peuvent faire est toujours chose mauvaise, et qu'elles peuvent détruire, mais qu'elles sont incapables de reconstruire. Je crois qu'on ne saurait accomplir une œuvre plus détestable, que de répandre dans les classes pauvres l'idée qu'elles ont été dépossédées et qu'elles ont le droit de prendre leur revanche. Je vois nettement que la malveillance ainsi excitée d'une partie contre l'autre de la population ne portera d'autre fruit que le ralentissement des sentiments de cordialité et de solidarité qui sont le fondement de la société humaine. Quant à la révolution sociale, qu'on ne s'abuse pas sur la portée de ce mot; elle ne sera en réalité qu'une révolution politique qui, comme toutes les autres, amènera de nouveaux malheurs et de nouveaux privilégiés; elle n'aura d'autre effet économique que de produire une crise affreuse par l'abaissement de toutes les valeurs et par la misère dans laquelle seront plongées toutes les classes par suite de l'arrêt général de la production. Si, à la fin, le prolétariat devait triompher pour tout de bon, tout ce que l'on pourrait attendre, ce serait un nouvel âge de barbarie venant à interrompre pour longtemps la marche du progrès.

Voilà pourquoi je suis l'ennemi, oui, l'ennemi de cette propagande haineuse qui ne peut produire que des désastres. Après cela, que peuvent m'importer les sophismes de Marx? Quand même sa théorie ne serait pas fausse, l'application qu'il a voulu en faire est une méchante action. Voilà mon « irrévérence » expliquée.

On a prétendu que je n'ai pas compris le sens donné habituellement au mot « révolution sociale ». C'est que, dans leurs polémiques, les socialistes jouent à cache-cache d'une manière assez amusante. M. Enrico Ferri, par exemple, dans la réplique qu'il vient d'opposer à mon livre [1], déclare d'une part que les « révolutionnaires se disent tels précisément parce qu'ils croient que le remède efficace (le remède à quoi? — à tous les maux de la terre?) peut se trouver non dans des réformes superficielles, mais dans un changement radical qui, en commençant par les bases de la propriété privée, sera tellement profond, qu'il représentera une révolution sociale ». Et, quelques lignes après, il se hâte d'ajouter que cela signifie « le programme qu'il faut réaliser et le but qu'il s'agit d'atteindre : non pas la méthode ou la tactique pour y parvenir ». Pourtant il faut agir, il ne faut pas se contenter d'attendre, sans quoi on ne serait pas révolutionnaire. « Mais agir comment? », se demande-t-il

1. Voir *Rivista di sociologia*, avril 1895, fasc. IV. Palerme.

immédiatement après. Et voici la réponse : il faut agir en déclarant « que la loi d'évolution est la souveraine absolue et que, partant, la révolution sociale ne pourra être que la *phase dernière* d'une *évolution précédente*, qui consiste à réaliser, *par la recherche scientifique* et *par la diffusion de cette recherche*, le cri de Marx : Prolétaires de tous les pays, unissez-vous ! »

J'avoue qu'il m'est presque impossible de m'orienter dans ce labyrinthe de phrases, dont le sens est rendu encore plus difficile par le passage suivant : « Les classes inférieures n'arriveront au pouvoir que lorsqu'elles y auront été préparées par la révolution morale, qui consiste dans la conscience qu'elles auront acquise de leurs *droits* (de leurs devoirs, naturellement, il n'est jamais question) et dans la solidarité réglée... *La révolution sociale ne sera possible qu'après la révolution morale*, qui aura eu lieu dans le prolétariat du monde civilisé *par effet naturel* de ses conditions économiques communes et actuelles ».

Il paraîtrait donc, d'après ce dernier passage de M. E. Ferri, qu'il s'agit, pour le moment, d'une évolution naturelle dans les sentiments populaires, qui produira, par une évolution non moins naturelle, une transformation économique. Tout cela est peut-être fort bien ; ce sont des prédictions sur l'avenir, dont l'avenir même pourra seul démontrer l'exactitude. Mais que signifie, après cela, le socialisme en tant que parti politique agissant et subversif? Voulez-vous, oui ou non, vous emparer du pouvoir? Voulez-vous, oui ou non, faire quelque chose lorsque vous aurez le pouvoir? Mais que ferez-vous, si la *révolution morale* dont vous parlez est la condition préalable de votre action, et qu'elle soit loin d'être accomplie? Que pourriez-vous faire, d'ailleurs, pour la hâter, puisque cette révolution morale doit n'être que *l'effet naturel* des conditions économiques communes et actuelles? Les questions catégoriques que j'avais posées dans mon livre demeurent donc sans réponse.

J'ai un dernier mot à répliquer à une attaque qu'on m'a lancée d'un côté tout opposé, mais dont les socialistes se sont empressés de profiter pour m'accuser de contradiction. C'est le dernier chapitre de ce livre qui a quelque peu froissé les libertaires et qui a fait pousser aux socialistes des cris de triomphe. « Le voilà qui transige ! s'est-on écrié. Le voilà qui subit inconsciemment la suggestion irrésistible des choses, et qui ne s'aperçoit pas qu'il glisse lui-même sur la pente du socialisme ! »

Tout cela, à propos des recommandations que j'ai adressées à la classe des capitalistes, de ne pas renier les sentiments d'humanité, en laissant mourir de faim de pauvres vieux ouvriers qui ont fidèlement travaillé pendant toute leur vie. Alors, si cela suffit pour être socialiste, je le suis, il faut l'avouer. Seulement, j'avais pensé que le socialisme signifiait tout autre chose, et voilà pourquoi j'avais écrit ce livre.

Naples, le 25 mai 1895.

LA SUPERSTITION SOCIALISTE

INTRODUCTION

Ces pages sont dirigées *contre le socialisme révolutionnaire*; elles ne sont pas adressées pourtant *aux socialistes révolutionnaires*.

Ceux-ci sont ou bien de pauvres ouvriers dont la seule lecture consiste dans les feuilles qui leur sont distribuées par les agitateurs, et mes paroles ne leur arriveront certainement pas; ou bien ce sont des hommes cultivés faisant le métier d'apôtres et d'évangélisateurs, et qui, se rappelant le précepte d'Horace :

..... Si vis me flere, dolendum est
Primum ipsi tibi [1]....

se sont suggestionnés eux-mêmes pour mieux pousser leur auditoire au paroxysme de l'exaltation ; ils ne comprennent plus que leur catéchisme, et ne jurent que par les dogmes de Karl Marx.

1. « Si tu veux que je pleure, il faut que tu commences par te montrer affligé ».

Les gens auxquels je m'adresse sont, au contraire, ceux qu'on nomme les « bourgeois ». Et ce n'est pas là porter de l'eau à la rivière. Une grande partie de la bourgeoisie, tout en envisageant avec quelque crainte le mouvement socialiste, pense que c'est aujourd'hui un mouvement irrésistible et inévitable. Il y a dans ce nombre des âmes candides, ingénument amoureuses de l'idéal socialiste, et qui voient en lui l'aspiration au règne de la justice et de la félicité universelle.

Combien de personnes ai-je entendues s'exclamer : « C'est peut-être un rêve, mais un si beau rêve! »

Exclamation qui est l'écho d'un sentiment : à savoir que l'injustice domine dans le monde présent. Elle est aussi l'expression d'une espérance : c'est que l'iniquité de ce monde pourrait être réparée en grande partie par le socialisme.

Mais avant toute autre chose, il s'agirait de savoir si les « bourgeois » qui parlent ainsi ont une idée claire de ce qu'est le « socialisme », ou de ce que les révolutionnaires entendent aujourd'hui par ce mot. Il est probable alors qu'au lieu d'un rêve, ils verraient qu'il s'agit d'un cauchemar.

Le mot socialisme désigne, il est vrai, beaucoup de tendances, beaucoup d'aspirations diverses. On a donné le nom de socialisme à tout ce par quoi l'on tente de délivrer moralement et d'émanciper économiquement le prolétariat ouvrier; mais, dès le commencement, deux tendances se sont dessinées.

En premier lieu la coopération et l'assistance, encouragées librement par les classes supérieures, sans l'intervention toutefois de l'État, ou sans lui demander autre chose qu'une aide morale ou une législation qui ne lèse pas les droits des autres citoyens. Cela a été nommé, assez improprement, *socialisme coopératif*; mais quel qu'en soit le nom, il est certain que tout honnête homme, tout ami de l'humanité, peut s'associer de grand cœur à ces nobles efforts. Il faut seulement déplorer que les publicistes partisans de la coopération ouvrière se laissent souvent entraîner, enflammés qu'ils sont par leur idéal, au delà des limites de leur programme, et que, parfois, ils emploient aussi un langage violent et haineux qui peut les faire confondre avec les vrais socialistes, dont ils devraient soigneusement chercher à se distinguer.

En réalité, ceux qui veulent voir s'accroître, dans l'ordre juridique ainsi que dans l'ordre économique, la protection des faibles et des pauvres, ne devraient se dire ni socialistes ni libéraux. Ils sont simplement « chrétiens », non précisément au sens de ce qui, dans le christianisme primitif, a pu paraître analogue à telles et telles idées socialistes, mais en ce sens qu'est de leur côté, qu'ils la confessent ou non, la morale du Christ.

Le *socialisme vrai* commence dès que l'on demande à l'État de réparer l'inégalité économique, en intervenant dans les associations ouvrières, en les disciplinant et en les protégeant, et en imposant aux citoyens l'obligation de contribuer au maintien d'institutions fondées dans l'intérêt exclusif des prolétaires.

C'est la tendance qui a porté le nom de *socialisme d'État* et qui s'est déjà manifestée, à un degré plus ou moins avancé, dans les législations des nations de l'Europe. Les socialistes chrétiens, surtout en

Allemagne, adhèrent en partie à ces idées [1]. L'aggravation des droits de succession et l'impôt progressif en sont les symptômes les plus alarmants [2].

Mais je ne m'occuperai du socialisme d'État que pour en montrer le danger et en indiquer les limites. Mon livre aura pour objet la doctrine des *nouveaux socialistes révolutionnaires*, qui, à l'aide d'une mise en scène scientifique, ont ressuscité, avec quelques modifications, les vieilles utopies communistes, en se prononçant pour la socialisation du sol, du capital et des instruments de travail.

Je ne représenterai pas le système collectiviste en action, pour démontrer qu'il ne peut fonctionner en aucune manière. Cela a déjà été fait par des écrivains très spirituels; et si les socialistes ne demeuraient pas sourds à toute sorte de raison, ils auraient déjà dû enterrer leur collectivisme, tué sous les coups mortels du ridicule.

Je me bornerai à montrer, en premier lieu, l'erreur de l'idée toute récente qu'une évolution naturelle conduise au collectivisme, et que la théorie des nouveaux socialistes soit un développement et un complément de la sociologie positiviste; ensuite, la contradiction entre le but que les collectivistes voudraient atteindre et leur méthode d'action ; et je conclurai de là que le socialisme qu'on appelle scientifique manque à la fois

1. Emile de Laveleye, *Le socialisme contemporain*, chap. VIII. Paris, 1894. — Nitti, *Il socialismo cattolico*, p. 159, 167, 277. Turin, 1891. — Zorli, *Emancipazione economica della classe operaia*, p. 316-326. Bologne, 1881.

2. Voir le programme du pasteur Stœcker, fondateur du *Staats-Sozialist*.

et de science et de logique, et que tout ce qu'on peut attendre du mouvement révolutionnaire du prolétariat, c'est l'anarchie morale et politique et un sort encore plus triste pour les faibles et les malheureux.

Je m'adresse donc à tous ceux que, par une désignation à la vérité peu sympathique, on nomme aujourd'hui « bourgeois ».

C'est qu'en effet le péril actuel ne vient pas tant des classes inférieures, dont les membres, à part quelques fanatiques, ont peu l'envie et le loisir de s'occuper du collectivisme, chose si éloignée de la vie réelle; ce serait différent si les ouvriers et les paysans avaient déjà une puissance d'organisation qui leur donnerait la possibilité de s'emparer du gouvernement en vue d'exproprier les bourgeois. Mais cet avenir, au moins en ce qui concerne les nations latines, est encore très éloigné.

Pour l'instant, le péril véritable réside dans la persuasion où sont un grand nombre de personnes appartenant aux classes moyennes, et même aux classes supérieures, que le socialisme signifie vérité et progrès, et que « c'est là où l'on va », — phrase que j'ai entendu mille fois répéter par des étudiants et des professeurs, par des bourgeois gras ou maigres, et même par des millionnaires.

La diffusion de cette persuasion erronée produit en premier lieu l'effet négatif du manque d'une lutte d'idées, laissant ainsi le champ libre à la propagande de la doctrine socialiste, à cette heure surtout où elle s'enveloppe pompeusement dans le manteau pseudo-scientifique que Karl Marx lui a jeté sur les épaules.

En second lieu, cela paralyse les gouvernements

dans la lutte qu'ils devraient soutenir contre le socialisme. La défense ne peut être que tiède, lorsqu'on n'est pas persuadé de la justice de la cause que l'on est obligé de défendre. Mais si les classes supérieures savaient qu'elles luttent en même temps pour la cause de la justice et de la civilisation, elles pourraient sans doute centupler leurs forces.

Il est nécessaire encore de mettre ces classes en garde contre les artifices des socialistes, qui souvent réussissent à conquérir les sympathies d'une grande partie des petits propriétaires et commerçants, écrasés par les impôts, ruinés par les crises. Une autre phrase que l'on répète tous les jours, est celle-ci : « Mais ne sommes-nous pas déjà dans le socialisme, et dans le pire des socialismes, celui de l'État, qui nuit à tous? »

C'est là le cri de celui qui, d'une part, voit diminuer ses revenus, de l'autre augmenter les impôts, pour que l'on construise un nouveau chemin de fer dans des endroits où il n'ira jamais, ou que l'on entreprenne en Afrique une expédition dont il ne saisit pas le but. Ce petit propriétaire applaudit au socialiste qui lui fait entrevoir un budget sans dépenses pour les colonies et pour les voies ferrées, et en même temps, secondant ses sentiments d'envie pour le millionnaire (de même, au dernier siècle, le gentilhomme campagnard haïssait le marquis qui jouissait à Versailles de ses sinécures), lui démontre que le socialisme détruira le riche, mais non pas lui, modeste agriculteur qui, au contraire, tirera certainement avantage du nouvel ordre économique.

C'est donc dans les classes moyennes qu'il faut faire

pour l'instant la propagande anti-socialiste. Il faut la faire surtout dans les écoles supérieures et dans les universités. La tenter dans les classes pauvres serait une entreprise vaine. Nul raisonnement ne pourra valoir autant, aux yeux de l'inoccupé et de l'affamé, que la parole du révolutionnaire qui leur promet sur terre leur « morceau de paradis ». Si leur condition ne peut être pire qu'elle l'est présentement, chaque innovation leur apporte du moins une espérance de l'améliorer. Et ceci suffit pour les rendre sourds à toutes nos paroles.

Au contraire, il faut que nous soyons nous-mêmes convaincus de tout ce qu'il y a de vide, de faux, d'odieux, de contradictoire, d'absurde, dans la doctrine socialiste. Il faut que nous arrachions brusquement aux socialistes le masque de science dont ils se couvrent. Sans cela on verra se répéter le phénomène de la fin du siècle dernier.

Alors comme aujourd'hui, les idées d'une rénovation sociale s'étaient répandues dans les couches les plus hautes de la société. De là, défigurées et gâtées, elles descendirent d'abord dans la petite bourgeoisie, puis dans le peuple [1].

1. « Ce n'est point lui (le Tiers) qui, de lui-même, a fait la révolution; au début, il a suivi quelques nobles déclassés et endettés qui lui ont montré la route; puis il a pris ses avantages, mais uniquement parce que le roi et la noblesse s'abandonnaient. Pour l'amener à souhaiter, puis à opérer un changement, il a fallu que ceux qui avaient tout intérêt à l'éviter, fussent les premiers à le prêcher; que ceux qui avaient la garde du principe d'autorité, employassent toutes les armes pour le détruire ». Frédéric Masson, *Napoléon chez lui*, p. 5. Paris, 1894.

Ce n'est pas la première fois qu'on a remarqué l'analogie entre la situation présente et celle des années qui précédèrent 1789. On disait alors, à peu près, les choses que nous entendons répéter aujourd'hui. Quand Watteau peignait ses paysans gracieux et gentils, quand Florian et Berquin décrivaient la douceur, la pureté, la poésie de leurs mœurs et leur honnêteté, ils subissaient la suggestion des philosophes sociologiques de l'époque. Ces paysans idéaux étaient les représentants de l'humanité à l'état de nature, auquel, selon Jean-Jacques Rousseau, il faudrait revenir, en détruisant tout ce qu'il y a de faux et d'artificiel dans la vie.

Tous alors étaient révolutionnaires : cour, prélats, aristocratie, auteurs dramatiques, poètes, philosophes.

Mettre à exécution les idées de Rousseau, c'était là ce qu'il fallait pour la régénération du vieux monde.

Dès l'année 1759, d'Argenson croyait déjà proche le moment final. « Il nous souffle un vent philosophique de gouvernement libre et anti-monarchique... Peut-être la révolution se ferait avec moins de contestations qu'on ne pense; cela se ferait par acclamation [1] ».

« Nous applaudissions les scènes républicaines de nos théâtres, lit-on dans les *Mémoires* de Ségur, les discours philosophiques de nos académies, les ouvrages hardis de nos littérateurs... Il était impossible de passer la soirée chez d'Alembert, d'aller à l'hôtel de Larochefoucauld, chez les amis de Turgot, d'assister au déjeuner de l'abbé Raynal, d'être admis

1. H. Taine, *L'ancien régime*, p. 385. Paris, 1886.

dans la société et la famille de M. de Malesherbes, enfin d'approcher de la reine la plus aimable et du roi le plus vertueux, sans croire que nous entrions dans une sorte d'âge d'or dont les siècles précédents ne nous donnaient aucune idée... Nous étions éblouis par le prisme des idées et des doctrines nouvelles, rayonnants d'espérance, brûlants d'ardeur pour toutes les gloires, d'enthousiasme pour tous les talents, et bercés des rêves séduisants d'une philosophie qui voulait assurer le bonheur du genre humain. Loin de prévoir des malheurs, des excès, des crimes, des renversements de trônes et de principes, nous ne voyions dans l'avenir que tous les biens qui pouvaient être assurés à l'humanité par le règne de la raison. On laissait un libre cours à tous les écrits réformateurs, à tous les projets d'innovation, aux pensées les plus libérales, aux systèmes les plus hardis. Chacun croyait marcher à la perfection, sans s'embarrasser des obstacles et sans les craindre... Jamais réveil plus terrible ne fut précédé par un sommeil plus doux et par des songes plus séduisants [1] ».

Or, la nouvelle doctrine philosophique et politique avait dit par la bouche de Jean-Jacques Rousseau, son principal représentant :

« La nature a fait l'homme heureux et bon; la société le déprave et le rend malheureux... Le premier qui, ayant enclos un terrain, s'avisa de dire : *Ceci est à moi*, et trouva des gens assez simples pour le croire, fut le vrai fondateur de la société civile. Que de crimes, de guerres, de meurtres, que de

1. H. Taine, *L'ancien régime*, p. 390.

misères et d'horreurs n'eût point épargnés au genre humain celui qui, arrachant les pieux ou comblant le fossé, eût crié à ses semblables : « Gardez-vous d'écouter cet imposteur; vous êtes perdus si vous oubliez que *les fruits sont à tous, et que la terre n'est à personne*[1] ».

N'entendez-vous pas les socialistes contemporains qui nous débitent les mêmes choses comme des nouveautés, au bout d'un siècle et demi? Ne vous apercevez-vous pas qu'ils n'ont fait qu'effacer le nom de Rousseau de leur brochure qui « vient de paraître »?

Aujourd'hui encore les socialistes réussissent à accréditer leurs absurdes doctrines dans le milieu qui devrait leur être le plus hostile. Quand ils disent : « Nous voulons que chacun gagne selon son travail! Nous voulons que la personnalité humaine puisse s'élever au-dessus de la vie matérielle! Nous voulons que chacun trouve du pain et du travail! », — ces phrases sont toujours accueillies avec des applaudissements. Et le bourgeois de dire alors : « Il y a beaucoup de vérité, il y a une grande idée de justice dans le socialisme! »

C'est que, dans les vœux pour la félicité universelle, toutes les âmes élevées se trouvent toujours d'accord. Tel est le jeu qui réussit aux socialistes. Ils font entrevoir un idéal d'humanité et de justice qui ne peut déplaire à personne, dont tous doivent être enthousiastes. Ils conquièrent ainsi des prosélytes à leur cause parmi les personnes qui ne savent pas

1. J.-J. Rousseau, *Discours sur l'origine de l'inégalité parmi les hommes*. 1754.

distinguer la poésie de l'idéal d'avec la réalité de la vie sociale, et sont assez simples pour ne pas même se demander si les méthodes des socialistes ne sont pas de nature à augmenter mille fois les injustices et la tristesse de notre vallée de larmes.

Il y a pourtant une grande différence entre la situation du siècle dernier et la situation présente : c'est qu'alors il y avait une révolution politique à faire, laquelle prit bien vite le dessus sur les aspirations des socialistes. Il s'agissait avant tout de démolir des institutions qui n'avaient plus aucune raison d'exister : castes, privilèges, maîtrises, sinécures des nobles, corvées des agriculteurs. D'ailleurs ni les ouvriers ni les paysans n'étaient associés, et ils n'avaient jamais lu une page de Rousseau, dont ils ne connaissaient pas même le nom.

La révolution fut donc préparée et exécutée par le tiers état, qui, dès 1791, avait déjà accompli toutes les réformes libérales possibles. Le socialisme ne leva timidement la tête qu'en 1793, avec la victoire des jacobins qui représentaient la plèbe et qui criaient — comme Saint-Just — que « l'opulence est une infamie », ou proposaient — comme Robespierre — de fixer à trois mille livres annuelles la limite de la richesse.

Ces hommes-là, non contents d'avoir, comme chacun le sait, rempli la France de sang, établirent puérilement, comme tout le monde peut-être ne se le rappelle pas, le *maximum* des prix, en fixant le coût de chaque marchandise, celui du transport, et le gain du marchand [1].

1. A. Thiers, *Histoire de la Révolution française*, tome II, chap. I.

Ces lois ridicules ne durèrent pas longtemps ; mais dans la période où elles furent en vigueur, tout commerce fut détruit et la France parut appauvrie et conduite au bord de la faillite, jusqu'à ce que la bourgeoisie, reprenant le dessus, eut trouvé un remède à de si grands maux.

Aujourd'hui, les désastres de la révolution sociale seraient incomparablement plus grands. Il importe que cela ne soit pas ignoré de cette partie des classes supérieures qui, de nos jours comme en 1780, rêve l'âge d'or, et l'attend d'une révolution.

De notre temps, l'aristocratie de sang et la haute bourgeoisie éprouvent souvent une invincible antipathie pour les classes intermédiaires, auxquelles elles reprochent tous les maux qui affligent la société.

Souvent, dans les salons les plus aristocratiques, des gentilshommes respectables, des millionnaires philanthropes, de nobles dames charitables, manifestent dans leur conversation tout le dégoût que leur font éprouver les actuels *politiciens* sans caractère et sans idéal, au service non de la patrie, mais de la spéculation privée. Et alors ils sont disposés à envisager avec sympathie le mouvement socialiste qui, à leur jugement, est une réaction contre ce que l'on nomme « gouvernement de classes ».

Ce qui fausse la manière de voir de ces braves gens, c'est la nausée que leur donne le monde présent. Ils ne savent pas distinguer entre les défauts de l'ordre social actuel et les vices inhérents à la nature humaine, laquelle, certes, ne s'améliorerait pas, si les classes inférieures parvenaient à s'emparer du pouvoir.

Vraiment, comme je viens de le dire, le mot

« bourgeoisie » n'éveille pas des idées bien sympathiques. Au type du bourgeois on est souvent tenté d'attribuer toutes les qualités représentées par les fées qui, d'après le poète Giuseppe Giusti, entouraient le berceau de Gingillino :

La *Volte-face* et la *Petitesse*,
L'*Intrigue*, la *Bassesse*, l'*Avidité*,
Et autres déités
Telles que l'*Avarice*
Et la *Fourberie*[1].

Caractères qui, à bien réfléchir, sont ceux non d'une classe, mais de maints individus de toute classe, et en particulier de ceux qui, sans aucun mérite, ont su s'élever à force d'intrigues, et que l'on désigne du nom de « parvenus ». Certes, dans la bourgeoisie il ne manque pas d'égoïstes, ni d'hypocrites, ni de gens déshonnêtes; toutefois, au sens complexe désormais revêtu par ce mot, elle renferme toute la partie la plus haute de la population, toute celle qui a de l'instruction et de l'éducation, qui conserve les traditions de civilité et les transmet aux nouvelles générations, et qui, en outre, a beaucoup fait et peut beaucoup faire encore pour soulager les misères du peuple. En descendant, que trouverons-nous? Une population

1. Il *Voltafaccia* e la *Meschinità*,
L'*Imbroglio*, la *Viltà*, l'*Avidità*
Ed altre Deità,
Come sarebbe à dir la *Gretteria*
E la *Trappoleria*
. . . .
Cantavano alla culla d'un bambino,
Di nome Gingillino.

Versi editi ed inediti di Giuseppe Giusti, p. 194. Florence, 1852.

presque toujours grossière et ignorante, fréquemment malveillante, parfois sanguinaire et sauvage.

Ils n'ont pas une idée suffisamment claire de l'histoire, ceux qui donnent au prolétariat le nom de « quatrième état ». Quant à ceux qui en attendent la régénération sociale, on ne peut que rire de leur sottise.

Ah, certes, le monde actuel est rempli de misères et de vices! Et moi, sans doute, en montrant la folie de ceux qui désirent une révolution sociale, je ne me propose pas d'entonner un hymne en l'honneur des classes dirigeantes, ni d'affirmer que la forme actuelle de la société doive durer toujours et qu'elle représente le dernier stade du progrès. Mais, comme dit Herbert Spencer, « seule la lente transformation de la nature humaine, éduquée à la vie sociale, pourra donner des résultats avantageux et durables », tandis que le socialisme « arrêterait le progrès et le ferait rétrograder jusqu'à ses origines les plus lointaines [1] ».

« Le Quart État, dit Maxime du Camp, signifie que le gouvernement doit appartenir par droit de naissance à ceux qui n'apprennent rien, ne savent rien et veulent ne rien faire. C'est le système des castes renversé; au prolétariat seul incombe la régie du monde, parce qu'il est le plus nombreux [2] ».

C'est là la vraie tendance du parti dit des *travailleurs* : s'emparer du pouvoir non pas dans l'intérêt de tous, mais pour exproprier la classe dominante et se

1. Herbert Spencer, *From freedom to bondage* (De la liberté à l'esclavage).

2. Maxime du Camp, *Les convulsions de Paris*, tome IV, p. 323. Paris, 1883.

substituer à elle. Ils n'en font d'ailleurs aucun mystère dans leurs programmes [1].

Leur égoïsme dépasse de beaucoup celui des classes supérieures. On peut en trouver des exemples dans les observations du grand sociologue anglais sur la manière d'agir des *Trades-Unions*, sur les règlements qui limitent le nombre des admissions de nouveaux bras dans chaque industrie, sur les prescriptions qui interdisent aux ouvriers de passer d'une classe inférieure à une classe supérieure, sur l'intolérance et la violation continuelle des droits d'autrui [2].

Du reste, comment peut-on s'imaginer que le progrès de l'humanité dépendra de la victoire des éléments les plus bas? Comment est-il possible de ne pas voir, au contraire, que le socialisme ne signifiera pas autre chose que l'abaissement intellectuel et moral de toute l'humanité? C'est que la société actuelle est comme un système de vasques placées l'une dans l'autre, mais l'une au-dessus de l'autre : si ces bassins se mettent en communication de manière que l'eau circule de l'un à l'autre, celle-ci se répandra à partir des plus hauts, et le niveau unique sera celui des grands réservoirs inférieurs, parce que le peu d'eau des petites vasques internes ne pourra l'élever sensiblement. Cette comparaison est aussi vraie au point de vue économique qu'au point de vue moral et intellectuel.

A tous les vices de la bourgeoisie seraient substitués ceux du bas peuple, qui sont les mêmes sous une

1. Voir, par exemple, le *Programme, Statuts et Tactique* du parti ouvrier italien.

2. Herbert Spencer, *op. cit.*, p. 42-43.

forme plus rude, plus effrontée, plus violente; mais les vertus de la première, qui consistent généralement dans la mesure, la douceur, la constance, la prévoyance, les bonnes manières, le respect du mérite, l'estime des qualités intellectuelles, l'amour des arts et de la littérature, tout cela serait perdu dans la foule incultivée et hurlante, comme celle qui, en 1792, traversant processionnellement les Tuileries, outrageait un malheureux roi et une pauvre reine dépouillés de tout pouvoir.

Sans que les injustices et les misères inséparables de la vie soient diminuées d'une ligne, nous verrions reparaître le règne de la force physique, irrationnelle et brutale, et nous assisterions, comme cela arrive chaque jour dans les plus basses couches de la populace, au triomphe des hommes les plus violents. Nous verrions enfin crouler de toutes parts cette civilisation, fruit séculaire de l'évolution, qui seule nous rend tolérable la communauté sociale.

Les coups des nouveaux Huns et des nouveaux Vandales seraient beaucoup plus terribles que ceux auxquels il ne fallut pas moins de dix siècles pour porter remède. Les Wisigoths d'Alaric ne réussirent pas à démolir le Panthéon ni le Colisée. Mais avec le pétrole, avec les bombes et avec la dynamite, les nouveaux barbares n'en auraient pas pour longtemps.

Une nuit a suffi aux socialistes de la Commune pour détruire les Tuileries; et déjà le Louvre et Notre-Dame commençaient à flamber, quand les troupes de Versailles entrèrent dans Paris [1].

1. Il serait désormais inutile pour les révolutionnaires de renier la Commune, après que les individualités les « plus dis-

tinguées » du temps, comme Malon et Beslay, ne refusèrent pas d'y associer leurs noms. Le premier déplore même dans ses livres la fin de ce « rêve »! (Voir le chapitre IV du présent ouvrage). Dans son programme du 19 avril 1871, la Commune annonçait la destruction « du vieux monde gouvernemental et clérical, du militarisme, du fonctionnarisme, de l'agiotage, de l'exploitation, des monopoles et des privilèges, auxquels le prolétariat doit son servage ».

Que prétendent donc de plus les socialistes? L'expérience du pouvoir aux mains du prolétariat a été faite alors, et les « lumières » de leur doctrine ne manquaient pas!

Au reste, dans les écrits socialistes, on ne rencontre jamais une seule parole d'horreur pour la Commune. Toute leur indignation est pour Versailles, qui fit fusiller les assassins et les incendiaires.

Il y a plus. Dans la proclamation de juin 1874 adressée aux « Communeux », proclamation purement collectiviste, il est dit que, pour détruire une société, il faut la frapper « autant dans ses monuments et dans ses symboles », que dans ses institutions et dans ses défenseurs, et l'on ajoute que c'est « par la volonté du peuple » qu'on a massacré les otages, prêtres, gendarmes et bourgeois, et allumé les incendies. Le député Avez a récemment déclaré qu'il voulait « brûler le Grand Livre », en ajoutant ceci : « Nous sommes fiers des actes de la Commune; nous sommes les continuateurs des membres de la Commune! » (Voir Yves Guyot, *Les principes de 89 et le socialisme*, p. 9. Paris).

Bebel enfin — *e questo fia suggel che ogni uomo sganni* (et que ceci soit le témoignage qui détrompe les hommes, comme dit Dante), — le chef « autorisé » du socialisme germanique et « scientifique », eut le cynisme de faire en plein Reichstag l'apologie de la Commune, ajoutant effrontément qu'elle avait « toujours été modérée dans ses actes »!

CHAPITRE I

LA SCIENCE DU SOCIALISME

I. — Mépris des nouveaux socialistes pour leurs prédécesseurs. — Imprécision d'idées du soi-disant socialisme scientifique. — Manque de tout rapport entre la théorie collectiviste et le mouvement ouvrier.

II. — Les socialistes chargent Karl Marx de répondre à toutes les objections. — Marx ne répond pas. — Les lumineux. — Le cercle vicieux de Marx. — L'effondrement de la théorie de Marx.

III. — Le concept de l'évolution qu'ont les socialistes est antiscientifique. — Affirmation erronée d'après laquelle aurait déjà commencé le processus de socialisation de la propriété selon l'idéal collectiviste. — Le socialisme d'État ne mène pas à l'abolition de la propriété privée; il ne pourrait mener qu'à la substitution d'un objet à un autre de propriété. — Dangers du socialisme d'État. — Nouvelle direction conseillée par la raison.

IV. — Le concept de l'humanité selon les socialistes est faux. — La société n'est pas un organisme vivant comparable aux organismes animaux. — Optimisme plus que romantique des soi-disant savants du socialisme.

V. — Tentative inutile des socialistes pour concilier leur doctrine avec celle de Darwin. — Lutte pour l'existence. — Le progrès adoucit et transforme la lutte pour l'existence, mais ne peut en changer l'objet.

VI. — Conclusion. — Dans la théorie collectiviste il n'y a rien de scientifique ; tout y est opposé à la science positive.

I

Les nouveaux socialistes révolutionnaires sont pleins de mépris pour ceux d'entre leurs prédécesseurs ou contemporains qui se sont permis, imprudemment, de décrire dans toutes ses particularités un type de société communiste ou collectiviste.

Je trouve pourtant ces rêveurs, qui présentent de bonne foi le tableau de l'humanité idéalisée, beaucoup plus sympathiques et attrayants que ceux qui ont créé le soi-disant « socialisme scientifique ».

Les premiers décrivaient une société non agitée par la convoitise et par toutes les passions qui troublent la nôtre. L'inégalité des conditions écartée, et partant l'ambition et la soif de l'or, ils pensaient que les hommes seraient devenus, comme ils l'étaient originairement, doux et honnêtes. Seulement, la terre heureuse qui devrait les héberger est un pays fabuleux, une *Atlantide*, une *Ile des Plaisirs*, une colonie du *Télémaque* de Fénelon, une *Cité du Soleil*, gouvernée par le « grand métaphysicien », telle que l'a imaginée Campanella, — ou bien elle *ne se trouve nulle part*, (οὐ τόπος), d'où le mot « Utopie » employé par Thomas Morus, charmante ironie imitée par l'auteur des *News from nowhere* (Nouvelles de nulle part); ou enfin, s'il s'agit d'une région déterminée, la scène qui s'y déroule n'est pas de notre époque, mais de l'avenir, pour le moins de l'an deux mille, comme dans le *Looking backward* de Bellamy.

Ni ces écrivains ni aucun autre, parmi les centaines d'utopistes de tous les temps et de tous les pays, n'ont jamais pensé que leur rêve pût devenir une réalité grâce à la violence.

Ils ne voulaient pas déranger l'ordre de la société, ils ne faisaient pas appel aux ignorants et aux mécontents, ils n'excitaient pas les rancunes, ils n'éveillaient pas les haines de la populace.

C'étaient des poètes et des artistes qui nous amusaient avec leurs créations géniales, avec leurs innocentes aspirations vers un monde meilleur. Ils s'efforçaient de démontrer la possibilité de la réalisation pratique et pacifique de leur plan. Le tableau qu'ils en faisaient plaisait à la vue par son « fini », et produisait une illusion complète.

Ainsi la discussion tournait autour de quelque chose de sensible, parce que l'on connaissait les matériaux et les proportions de l'œuvre à construire; on savait ce qu'on voulait. Aujourd'hui, par contre, rien de tout cela.

Les nouveaux socialistes ne produisent plus de ces si gracieux modèles. Ils ont déserté l'île enchantée d'Utopie! Ces séduisantes créations de philosophes-poètes, ils les nomment des produits du « socialisme sentimental », ou des « romans » privés de tout sérieux, ou encore des « constructions *a priori* », qui, celles-ci comme ceux-là, ne méritent plus d'être discutés, depuis que le socialisme est, suivant leur expression, devenu « scientifique ».

Voici un exemple de ce mépris olympien :

« Lorsque le socialisme, avant Karl Marx, n'était que l'expression sentimentale d'un humanitarisme aussi généreux que *dépourvu des plus élémentaires principes du positivisme scientifique*, on comprend parfaitement que ses partisans et défenseurs cédassent facilement à l'*impétuosité de leurs sentiments*, soit dans des protestations retentissantes contre les iniquités sociales évidentes, soit dans la *contemplation somnambulesque* d'un monde meilleur, auquel l'*imagination surexcitée* cherchait à donner des linéaments précis, de la *République* de Platon au *Looking backward* de Bellamy[1] ».

L'auteur de ces phrases dédaigneuses suit ainsi la nouvelle direction des socialistes, qui trouvent que

1. Enrico Ferri, *Socialismo e scienza positiva*, p. 125. Rome, 1894. — Bellamy a été l'enfant terrible du collectivisme. Il était trop facile de démontrer l'absurdité de son système. Aussi le socialisme dit « scientifique » l'a-t-il renié. Et aujourd'hui, cette « science », qui se propose la rénovation sociale, ne permet pas de dire de quelle façon la société, selon ses enseignements, devrait être transformée !

c'est chose infiniment plus commode et plus sûre de se renfermer dans le cercle d'un petit nombre de formules générales : *Nationalisation ou socialisation du sol et des instruments de travail*; — *abolition de la propriété individuelle, sauf les objets nécessaires à la personne*; — *récompense proportionnée aux heures de travail, payée par l'administration de la collectivité sous forme non de monnaie, mais de droit de prendre dans les magasins généraux une quantité déterminée d'objets*, etc.

Si vous leur demandez quelques explications sur le mode de réalisation de telles idées ou sur les rouages des nouvelles institutions, ils vous répondent qu'ils ne peuvent rien déterminer avec précision, et qu'il faut se contenter des « lignes générales » de l'édifice nouveau.

Ils n'ont pas tort, du reste; dès qu'ils s'avisent de donner des explications, les contradictions et les absurdités fourmillent de tous côtés. Voilà, par exemple, comment M. Enrico Ferri (qui, malgré ses fortes études et beaucoup de talent, est entré à voiles déployées dans la mer houleuse du collectivisme) s'efforce de montrer la possibilité de socialiser les moyens de transport : « Encore un pas, dit-il, et la socialisation est complète. Que le service des voitures, omnibus, tramways et bicyclettes devienne municipal, et que chacun puisse en profiter gratis, comme cela arrive déjà pour l'éclairage électrique. De même, pour le service des chemins de fer de la part de la nation tout entière ».

Voilà un exemple que l'auteur déclare *minuscule*, mais *instructif*. Si les socialistes continuent à s'instruire de la sorte, ils vont devenir bientôt des puits de science! En effet, quel commentaire ne faudrait-il pas pour ce peu de lignes! On n'en finirait plus si on voulait les réfuter.

D'abord, s'il est vrai, comme M. Ferri le prétend, qu'il n'y a plus à faire qu'un seul pas, ne se demandera-t-on point très naturellement pourquoi les socialistes font un si grand tapage? S'il s'agit d'un dernier pas, cela signifie que, précédemment, on a marché dans la même direction, même avant la naissance du socialisme. Et alors pourquoi le dernier pas ne se ferait-il point comme les autres, fort tranquillement, sans mettre le monde sens dessus dessous? Pourquoi les socialistes s'en mêlent-ils, si les choses vont si bien leur train, eux qui n'étaient pour rien dans la marche déjà accomplie, puisqu'ils n'étaient pas encore nés?

Mais le malheur, c'est qu'il ne s'agit pas du tout d'un dernier pas : c'est au premier pas au contraire que les socialistes veulent nous pousser. Il n'y a vraiment rien de commun entre l'éclairage d'une ville et la gratuité des moyens de locomotion. Pour ne pas aborder les chemins de fer, qui nous mèneraient trop loin, je me borne aux fiacres, omnibus et bicyclettes, et j'avoue qu'avec la meilleure bonne volonté, il m'est impossible d'en saisir le rapport avec l'éclairage d'une ville. Il s'agit, dans ce dernier cas, d'un service public, parce que la vie d'une cité moderne ne pouvant pas être suspendue dès le coucher du soleil, il est de nécessité absolue que les rues ne soient pas enfouies dans les ténèbres. Or, l'administration gouvernementale ou municipale a toujours eu le but (bien avant l'éclosion du socialisme) de pourvoir aux nécessités publiques. Ce qui n'est pas de son ressort, ce sont les intérêts particuliers des individus et tout ce qui est luxe ou commodité personnelle, tel, par exemple, que l'éclairage *intérieur* des *maisons privées*. Ainsi l'administration ne peut s'occuper des voitures et des bicyclettes que pour en régler la circulation; à cela il faut ajouter, pour les voitures de louage, qu'elle en règle le tarif dans l'intérêt commun, afin d'éviter les malentendus et les disputes incessantes entre cochers et voyageurs. Mais personne n'aurait songé jusqu'à présent que l'administration dût pourvoir gratuitement aux besoins de luxe ou à la commodité des citoyens qui n'aiment pas à se fatiguer, et qu'elle soit même obligée à faire jouir tout le monde de cet exercice du vélocipède qui est devenu une vraie manie! Cependant, le plus enragé des vélocipédistes ne serait pas allé jusqu'à soutenir que la bicyclette représente une nécessité sociale ou un grand intérêt de la communauté.

Mais M. Ferri lance ses affirmations et s'empresse de passer outre. Il s'arrête un instant seulement pour répondre à une objection d'un genre très différent : « On va croire à présent que tout le monde voudra aller en omnibus, parce que, maintenant, tout le monde ne pouvant pas y aller, c'est le fruit défendu qui tente. Mais dès qu'on aura la liberté d'en profiter (*et on pourrait toujours organiser un contrôle pour qu'on soit obligé de prouver la nécessité du transport*), il se produira un nouveau mobile égoïste : le besoin physiologique de marcher, surtout pour les gens un peu gros et forts, qui auront travaillé assis. Et voilà comment l'égoïsme personnel, dans ce petit exemple de propriété collective, agirait d'accord avec les intérêts sociaux ».

Et voilà — je conclus de mon côté — comment le parti-pris du socialisme peut faire faire fausse route à un dialecticien de grand talent.

Sans doute, presque tout le monde aime à se promener un peu, mais dès qu'il y a des courses à faire, chacun s'empresse de profiter des moyens les plus rapides de transport qui soient à la portée de sa bourse. Est-ce que les milliers de personnes qui montent en omnibus n'allaient pas à pied avant l'invention de ces voitures à bon marché? Et s'imagine-t-on peut-être qu'elles préféreraient les omnibus aux fiacres et aux *cabs*, si ces voitures n'étaient pas plus coûteuses? Mais M. Ferri a eu un instant d'hésitation : il prévoit le cas où la plupart des gens n'éprouveraient pas *le besoin physiologique de marcher, et il propose un contrôle pour qu'on prouve qu'on est obligé de faire une course!* Voilà de la besogne pour les autorités, et surtout de l'amusement pour les gens qui ont des affaires! Ne faudrait-il pas présenter des papiers dûment légalisés, pour prouver la nécessité qu'on a d'aller faire une visite à une dame! Les socialistes anciens étaient plus raisonnables : Morus, par exemple, proposait tout simplement de défendre de voyager sans la permission de l'autorité. Il n'avait pas d'ailleurs à se préoccuper des cabs et des bicyclettes, qui n'existaient pas de son temps.

Quant à Bebel, il déclare que « personne ne peut prévoir de quelle façon l'humanité future organisera la gestion de ses intérêts matériels, de manière à satisfaire complètement à ses besoins ». Et Liebknecht, au congrès de Halle, s'écrie : « Il faut être fou pour demander ce que sera l'organisme social dans le futur État socialiste! »

Maintenant, avec la permission de Bebel, de Liebknecht et d'Enrico Ferri, je crois qu'il faut au contraire être fou pour vouloir imposer à la société une organisation tout à fait opposée à celle dans laquelle elle s'est arrangée depuis des siècles par évolution naturelle, — une organisation vaguement entrevue en un songe confus, sans nulle précision de lignes; dont on ne trouve aujourd'hui aucun exemple; sans autres précédents que ceux de l'humanité primitive et inculte, et ceux des expériences qu'en ont faites Owen et Cabet en Amérique, et qui eurent un insuccès complet; sans que l'on sache de quelle façon ce système pourrait prendre place au milieu de notre civilisation; sans que l'on puisse résoudre un seul des mille problèmes ni surmonter une seule des difficultés qui aussitôt se présentent à l'esprit, et qui sont de nature à faire dresser les cheveux sur la tête!

Mais eux qui reprochent l'utopie à leurs prédécesseurs, sont-ils moins utopistes parce qu'ils dédaignent les détails? Lorsqu'ils disent que la propriété individuelle doit disparaître, que toute la fortune publique doit être possédée en commun, que toutes les industries, quel qu'en soit le genre, doivent être socialisées, et que toute espèce de travail doit être payée de la même manière, ne font-ils pas ainsi une œuvre de pure imagination, qui ne diffère que par son plus grand vague des utopies précédentes? Il faut convenir, cependant, qu'ils ne manquent pas quelquefois de nous faire jouir de quelques petites esquisses. Ainsi Bebel ne sait pas résister à la tentation de nous montrer à vol d'oiseau le panorama des jolis et coquets villages où l'on transportera les musées, les théâtres, les salles de concert et les bibliothèques; et il nous parle du niveau commun de l'instruction, de l'éducation et même de l'intelligence(!) de toute l'humanité de l'avenir [1]!

J'ai dit que les nouveaux socialistes veulent « imposer » la transformation sociale. Mon expression est exacte.

C'est que ces orateurs et écrivains ne sont pas simplement des penseurs qui croient avoir découvert le nouveau chemin tracé fatalement à l'humanité. S'ils disaient : « Nous prévoyons, par tels ou tels indices, que dans deux ou trois siècles ou dans mille ans la propriété individuelle n'existera plus et que le capital appartiendra à tous », ils pourraient avoir raison ou tort, mais personne, à moins d'être doué du don de prophétie, ne serait en état de l'affirmer avec certitude.

Et, dans une discussion de ce genre, on pourrait faire place jusqu'à un certain point à la science, pour qu'elle détermine, selon les lois déjà expérimentées de l'évolution, la nouvelle orientation présumable de la société. Nous verrons prochainement, à ce sujet, si les idées des socialistes sont de nature à obtenir le suffrage de la science sociologique.

Mais ce que ces aspirations et ces prévisions

1. Bebel, *Die Frau und der Sozialismus*, 1883. Ouvrage traduit en français sous ce titre : *La femme dans le passé, le présent et l'avenir*. Paris, 1891.

peuvent avoir de commun avec le présent mouvement des classes ouvrières, et comment ce mouvement peut servir la tendance collectiviste, voilà ce que je ne réussis pas à comprendre, et que, je crois, ne comprendra aucune personne de bon sens. Il sera facile, au contraire, de prouver que ce mouvement retarderait cette évolution naturelle qui, selon les nouveaux socialistes, conduirait au collectivisme. Mais je parlerai de cela plus tard.

Observons seulement ici que, si les classes inférieures parvenaient à s'emparer du pouvoir, cela ne veut pas dire que le régime du collectivisme serait établi; il est très probable, au contraire, que les ouvriers et les paysans, devenus les maîtres, voudraient garder pour eux les richesses acquises, plutôt que de mettre tout en commun.

En attendant, les nouveaux socialistes, qui, d'un côté, prétendent parler au nom de la science sociologique et des lois naturelles de l'évolution, s'affirment politiquement, de l'autre, comme révolutionnaires. Or, c'est ici évidemment que la science n'a plus rien à faire. Quoiqu'ils aient soin de dire que, par révolution, ils n'entendent ni une émeute ni une révolte (chose qu'explique d'ailleurs le dictionnaire), il reste toujours ceci : c'est qu'ils ne veulent point attendre l'organisation spontanée de la société dans le nouvel arrangement économique entrevu par eux en un avenir plus ou moins lointain; autrement, qui d'entre eux survivrait pour prouver aux incrédules la vérité de leurs prévisions?

Il s'agit donc d'une évolution *hâtée artificiellement*, c'est-à-dire, en d'autres termes, de *l'usage de la force*, pour transformer la société selon leurs désirs.

Voilà le sens de l'appel au ralliement des forces du prolétariat, tel que l'a fait Marx et que le font ses partisans, en s'écriant : « Prolétaires du monde entier, unissez-vous! »

Quand on entend ce cri, premier signal de la révolution que l'on veut déchaîner, — car, par l'union des travailleurs, on ne vise pas à soutenir une lutte économique pacifique, mais à exproprier, par des moyens légaux ou illégaux, peu importe, le sol tout entier, les machines et les instruments de travail (et les marxistes n'en font aucun mystère), — quand on entend ce cri, on a bien le droit de leur demander : Pour quoi faire? Si vous voulez détruire l'organisation actuelle de la société, vous devriez au moins savoir ce que vous pourriez lui substituer! Si vous voulez abolir la propriété individuelle, vous ne pouvez refuser de nous expliquer de quelle façon la propriété collective pourra être organisée et administrée! Si vous voulez que la récompense de chacun soit proportionnée au travail par lui accompli, consentez à nous révéler vos critériums de proportion! Si vous voulez qu'à chaque homme soient « assurées les conditions d'une existence digne d'êtres humains », il faudra que vous nous démontriez de quelle façon on pourra réaliser ce programme et quelle sera la source inépuisable de la fortune publique !

Autrement, et nous le regrettons, nous ne pouvons vous prendre au sérieux. Et puisque vous refusez de décrire votre société future, nous garderons la nôtre en attendant, malgré tous ses défauts et tous ses maux, parce que nous ignorons — et vous-mêmes l'ignorez — s'ils ne seraient pas mille fois plus grands, les défauts et les maux de ce monde nouveau que vous vous proposez de créer, sans en avoir encore la vision précise.

Il ne sert à rien de répondre, comme le fait M. Enrico Ferri [1], que même le tiers état en France, quand il prépara la Révolution, ne savait pas où l'on allait. Le tiers état pouvait se tromper dans ses prévisions, et il se trompa en effet dans quelques-unes d'entre elles; il ne prévit ni la Terreur, ni le Consulat, ni l'Empire. Mais le tiers état avait un programme concret; toutes ses intentions étaient pratiques et bien déterminées. Il n'espérait pas gagner tout ce qu'une trop faible résistance lui fit gagner en peu de temps; aussi au commencement, avait-il limité ses revendications. Mais on savait très bien qu'il voulait établir ou une monarchie

1. Enrico Ferri, *op. cit.*, p. 129.

constitutionnelle, ou une république, sans privilèges, sans féodalité, avec des droits égaux reconnus à tous les citoyens.

L'Angleterre et les États-Unis d'Amérique présentaient des exemples contemporains, la première d'une monarchie constitutionnelle, les autres d'une confédération républicaine démocratique. Les États antiques avaient vécu sans féodalité; quelques-uns d'eux sans aristocratie.

Le tiers état ne rêvait donc pas et n'extravaguait pas. Il voulait faire une révolution pour atteindre un type de gouvernement libéral. Peut-être le plan se modifia-t-il en s'élargissant selon les circonstances; en tout cas, il en existait un, très précis et réalisable.

Les nouveaux socialistes avouent, au contraire, ne pouvoir pas déterminer la forme de l'organisation sociale : ils n'en ont aucune idée claire. Ils déclarent même qu'il est impossible d'en avoir une !

Cela signifie qu'ils veulent la révolution *pour la révolution*. Leur but n'est pour l'instant que la destruction de tout ce qui existe.

Et alors, de quel droit prétendent-ils se distinguer des anarchistes?

II

Les nouveaux socialistes ne répondent plus que par un mot : Marx !

C'est là le nom magique qui, selon eux, doit résoudre toutes les difficultés. Marx, c'est-à-dire la science; Marx, ce grand homme qui a dépassé Darwin et Spencer; Marx, ce génie qui a trouvé les vraies lois de l'économie sociale, etc.

Ce n'est pas sans raison que ce nom est évoqué. Tandis que le pauvre Bellamy, qui pourtant a appliqué exactement les idées des collectivistes, en dessinant la société la plus perfectionnée que l'on puisse imaginer avec ce système, et qui du moins a le mérite de procurer quelques heures de lecture agréable, se laisse comprendre trop facilement et montre avec une étonnante ingénuité ses nombreux côtés faibles, — ce qui lui vaut le mépris de la secte, — l'œuvre de Marx, au contraire, avec ses interminables distinctions et formules plus ou moins algébriques, est de nature à défier les tempéraments les plus tenaces et les plus résistants. Que peut-on inventer de mieux pour rencontrer peu de contradicteurs?

Il y a pourtant des gens qui ont su vaincre leur paresse pour atteindre, comme Marx le dit modestement, « les sommets lumineux de sa science [1] ». Mais quel désenchantement, lorsque enfin on a pu y parvenir!

La fatigue de l'ascension est peut-être telle, que

1. Karl Marx, *Le Capital*, lettre introductive datée de Londres, 18 mars 1872.

l'on est trop recru pour jouir du panorama. Ou peut-être la durée du chemin est-elle si longue, que le soleil a eu dans l'intervalle le temps de se coucher. Ce qui est certain, c'est qu'il n'y a point du tout de lumière là-haut, et le pauvre alpiniste achève de s'y éreinter.

En effet, Karl Marx n'est qu'un grand démolisseur. Il aurait pu, comme l'a dit M. Leroy-Beaulieu, écrire en tête de son livre la réponse de Méphistophélès à Faust : *Ich bin der Geist der stets verneint* (Je suis l'esprit qui constamment nie). Il est vraiment le Méphistophélès de la vie sociale actuelle, ne se souciant aucunement de la reconstruction, et se contentant d'indiquer la voie pour arriver au collectivisme.

Le livre de Marx est une critique impitoyable de l'économie politique orthodoxe ou libérale, que l'auteur nomme « bourgeoise ». Par de nouvelles définitions et distinctions subtiles, il a complètement transformé la théorie de la valeur. Mais ses erreurs et ses pétitions de principe ont été mises en lumière, et je ne me propose pas ici de me livrer à mon tour à une telle réfutation, faite avec plein succès, dès 1884, par M. Leroy-Beaulieu [1].

Je ne m'amuserai donc pas à montrer l'inexactitude des origines assignées par Marx à la propriété et à l'accumulation, ni l'irrationnalité de la mesure de

1. P. Leroy-Beaulieu, *Le collectivisme*, livre II, chap. III, IV et V. Paris, 1884.

la valeur tirée de la durée du travail, ni l'injustice de la récompense non proportionnelle au mérite intrinsèque du travail, ni l'impossibilité de comparer le travail intellectuel au travail matériel, c'est-à-dire celui qui exige de l'habileté, à celui qui est purement manuel; ni la faiblesse de la tentative faite en vue de vaincre cette dernière difficulté, en réduisant le travail supérieur à la moyenne du travail social, par exemple une journée de travail complexe ou qualifié (*skilled labour*) à deux journées de travail inférieur ou simplement manuel (*unskilled labour*) [1], ni les difficultés infinies de la graduation et de l'appréciation de toutes les différentes espèces de travail.

On avait eu beau représenter à Marx qu'il se trompait foncièrement, parce que la valeur des objets ne correspond pas très souvent au travail nécessaire pour les produire. On avait eu beau lui mettre devant les yeux un cerf et un lièvre tués par deux chasseurs, dont l'un, celui qui avait abattu le

1. Karl Marx, *Le Capital*, p. 84. (Édition française, traduction J. Roy, Paris, chez Maurice Lachâtre et Cie, gr. in-8 à deux colonnes). Mais Bebel, sur ce point, ne me paraît pas en complet accord avec son maître. Voir *Die Frau und der Sozialismus*, traduction française citée, p. 251 et sqq. M. Guesde aussi, dans son livre sur le collectivisme, soutient que « les fonctions, si diverses qu'elles soient, ne devront créer aucune inégalité entre les divers producteurs, lesquels seront assurés, quel que soit le genre de travail, d'une part égale dans le produit ».

D'autres socialistes, parmi lesquels Schramm et Schaeffle, ont reconnu impraticable une telle règle de répartition.

cerf, ayant eu la chance de rencontrer tout de suite sa victime, n'avait passé qu'une demi-heure à la chasse, pendant que l'autre, le tueur du lièvre, avait dû se fatiguer pendant une journée entière avant de pouvoir faire son coup de feu : et pourtant le cerf avait dix fois plus de valeur que le lièvre, tout en ayant coûté dix fois moins de travail. On avait eu beau prier Marx de remarquer les différences énormes de produit qu'obtiennent les cultivateurs selon la situation et la qualité du sol qu'ils exploitent, et selon les années bonnes ou mauvaises. On avait eu beau attirer son attention sur les innombrables causes naturelles qui font varier la quantité et la qualité des produits, et, par conséquent, leur valeur.

Peine perdue : on n'écoutait pas. Mais un événement vient de se produire, qui va mettre dans le plus grand embarras les nouveaux économistes de l'école de Marx. On a appris, il y a quelques mois à peine, que Marx s'était amusé lui-même à détruire son critérium de la valeur. C'est son ami Engels qui lui a rendu le service d'en répandre la nouvelle, en publiant à Hambourg la troisième partie de l'ouvrage *Das Kapital*, reconstituée sur les notes laissées par l'auteur [1].

Qu'on lise l'examen si subtil et si approfondi

1. *Das Kapital*, 3ter Band, Buch III : Der Gesammtprozess der kapitalistischen Produktion. Hambourg, 1894.

qu'en a fait M. Loria [1]. On se persuadera aisément que Marx a fini par convenir, dans cette dernière partie de son ouvrage, que les produits s'échangent entre eux en des proportions très différentes de la quantité de travail qu'ils contiennent. Ce n'est que la totalité des prix des différents produits qui est en rapport avec le travail, c'est-à-dire avec la totalité du travail; il ne s'agit donc que d'une valeur idéale, sans aucun rapport avec les valeurs existantes.

« Or Marx, — dit M. Loria, — en soutenant d'un côté que la valeur des produits est mesurée par le travail, et, de l'autre côté, que les produits ne sont jamais vendus à leur juste valeur, a fait l'absurde création d'une sorte de *noumène* de la valeur, tronqué non seulement des lois de la réalité, mais de celles mêmes de la pensée... Cette conception d'une valeur totale est d'ailleurs une absurdité, parce que la valeur n'est autre chose que le rapport d'échange entre deux objets; en disant que la valeur totale des objets est mesurée par le travail qui les a produits, on ne fait qu'une affirmation tautologique et oiseuse, par laquelle on constate que la totalité des marchandises est le produit de la quantité de travail employée pour les produire! »

Et quelle contradiction avec les principes établis

1. *L'opera postuma di Carlo Marx*, dans la revue italienne *La Nuova antologia*, 1er février 1895.

par Marx dans les premiers volumes de son œuvre, et d'où il faisait découler tous ses syllogismes! Car il avait clairement expliqué que la valeur des marchandises était bien « la valeur réelle et positive selon laquelle on échange les produits sur le marché ». Il avait dit qu'il existe quelque chose de commun entre plusieurs objets différents qui peuvent être échangés, et que ce *quid* commun, qu'on trouve dans les différentes marchandises, *et qui en mesure la valeur*, c'est la quantité du travail humain qu'elles contiennent. « Et voilà — continue M. Loria — que la solution dernièrement publiée donne le démenti le plus solennel à cette affirmation, puisque nous apprenons du grand économiste lui-même, que, par l'équation de la valeur, des quantités différentes de travail sont égalisées, et qu'on échange les produits en une proportion *tout à fait différente* de celle qui serait déterminée par la quantité de travail contenue dans ces produits. A-t-on jamais vu une si parfaite réduction à l'absurde, une plus complète banqueroute d'une théorie? Je demande si un suicide scientifique a jamais été commis avec plus de pompe et de solennité?... Puisque la théorie de la valeur est le piédestal de toute la partie *statique* du système de Marx,... tout ce qu'il y a de plus rigide et de plus technique dans ce système, tout cela s'effondre à la suite de l'anéantissement de la théorie de la valeur ».

Voilà comment un écrivain socialiste traite le fondateur du socialisme « *scientifique* [1] ».

Mais hâtons-nous de sortir de ce labyrinthe de formules, et en oubliant les contradictions théoriques, plaçons-nous à un point de vue différent.

Une idée fondamentale, une espèce de *Leitmotiv* de l'œuvre entière de Marx, est celle-ci : c'est que l'ouvrier est obligé à un *excès de travail* pour que le capitaliste, qui ne travaille pas, puisse jouir de ses intérêts ou dividendes, — le capitaliste que l'auteur dépeint sous les plus noires couleurs, comme un individu sans cœur, qui, pour augmenter son profit, sacrifie allégrement la vie et la santé des ouvriers, et pour cette raison est affamé de ce que l'auteur appelle *surtravail*[2].

Or, la plus value ainsi créée par cet excès de travail, et que s'approprie le capitaliste, appartien-

1. Il est vrai que M. Loria s'est empressé de rassurer les socialistes sur la portée de ses critiques. En un article publié dans une feuille socialiste, il prétend que l'effondrement de la théorie économique de Marx n'entraîne pas la mort du socialisme scientifique, parce que — dit-il — le socialisme, c'est la vérité et la vérité ne peut pas périr. Soit. Mais alors il faut croire sur parole et par pure politesse.

2. Karl Marx, *op. cit.*, chap. x, p. 101. — Lassalle pose la question en ces termes : « Aujourd'hui que la propriété ne permet plus d'*utiliser directement* un homme (esclavage), cette même propriété doit-elle permettre de profiter *indirectement* d'un autre homme (salarié)? Est-ce à l'entrepreneur, comme tel (abstraction faite de la rémunération de son travail intellectuel éventuel), que doit appartenir une partie de la *valeur du travail d'autrui?* ». (Voir *Capital et Travail*, introduction).

drait au contraire, selon Marx, à l'ouvrier, parce que le produit ne serait que le fruit du travail de ce dernier. Il ne s'agit donc ici que d'une question de justice dans la répartition du produit.

Oui, en partant de la supposition que toute propriété privée est injuste, ce n'est pas la logique qui manque à la doctrine de Marx. Mais si l'on reconnaît au contraire que chaque individu a le droit de posséder quelque chose en propre, il en résulte immédiatement la conséquence inévitable du fruit du capital, et, partant, de l'augmentation de celui-ci.

En effet on peut dire, en paraphrasant un vieux proverbe français : pour que l'on puisse travailler avec une machine à coudre, il est nécessaire, avant tout, d'avoir cette machine [1].

Si l'ouvrière ne l'a pas, il est naturel que le propriétaire de cette machine ne la lui cède que pour en tirer un profit : — et c'est là le fruit du capital.

Tout se ramène donc à cette question : la propriété individuelle doit-elle exister ou non? — parce que, si on l'admet, on ne peut éviter les accumulations capitalistes. Et puisque à la propriété individuelle on ne pourrait substituer que la propriété collective, il s'agit uniquement de voir, comme dit M. Pareto lui-même, s'il est plus utile à la société

1. Vilfredo Pareto, *Introduzione agli estratti di Lafargue del* Capitale *di Carlo Marx*, p. xxxvii. Palerme, 1894.

que la reproduction du capital soit faite au moyen de *corvées* imposées aux citoyens, plutôt qu'au moyen de la libre concurrence[1].

Certes, chacun déplore avec Marx la trop criante opposition entre la richesse démesurée et la misère la plus profonde, et les malheureuses conditions d'existence de beaucoup d'ouvriers et de paysans, surtout des femmes et des enfants soumis, trop fréquemment, à un travail excessif.

Chacun déplore, en Italie, que, dans beaucoup de contrées, le paysan soit mal nourri et que souvent sa santé soit ruinée par la mauvaise qualité du maïs, son unique aliment; que, par l'autonomie des communes rurales, une nouvelle classe de petits feudataires égoïstes se soient imposés dans les administrations publiques et établissent sur les farines et sur les viandes des droits qui, s'ils ne font pas trop souffrir l'ouvrier des villes, atteignent cruellement le journalier agricole, *il bracciante*, — comme on l'appelle en Italie, — qui, pour ne pas mourir de faim, doit louer son travail à vil prix.

Reconnaître ces maux ne signifie pas, toutefois, qu'ils cesseraient ou qu'il ne s'en produirait pas de plus grands, si l'on substituait la propriété collective à la propriété privée. Il n'est nullement prouvé que l'ouvrier pourrait gagner plus en travaillant moins.

1. V. Pareto, *op. cit.*, p. XLVIII.

Il est notoire que maintes industries seraient ruinées, si l'on augmentait d'un sou ou deux le salaire des ouvriers, ou si l'on diminuait d'une seule heure le travail de chacun. L'apparente avarice des patrons est souvent une nécessité de leur propre conservation. Quant aux taxes indirectes qui pèsent sur la misère, une meilleure législation de l'impôt peut les adoucir; ces faits-là sont locaux et transitoires.

Mais qu'adviendrait-il de la richesse publique, si un capitaliste unique était substitué aux capitalistes multiples? La condition des travailleurs en serait-elle améliorée, ou, au contraire, n'empirerait-elle pas? Ni ces doutes-là ni d'autres ne sont point résolus par l'œuvre de Karl Marx.

Il importe en attendant d'observer, comme l'ont fait même des auteurs socialistes, que Marx tourne toujours dans un cercle vicieux.

Un écrivain non suspect remarque en effet : « La quantité de travail, comme mesure de la valeur, n'est pas encore un fait, mais un idéal. C'est pourquoi, en la considérant comme un fait et en déduisant de cette prétendue analyse de la valeur l'exigence socialiste, on commet une erreur historique. Et si on la considère, — ce qu'elle est réellement, — comme un idéal de la valeur, en déduire l'exigence socialiste est un cercle vicieux, puisque cet idéal de la valeur n'est pas la cause, mais la conséquence logique de cette exigence. En effet, de la prémisse que le travail est cause essentielle et intrinsèque du produit, il s'ensuit que chaque quantité de travail donne le droit de profiter d'une égale quantité du travail d'autrui, ou que les produits d'une égale quantité de travail sont équivalents. On ne peut intervertir ce processus logique et éthique sans tomber dans un cercle vicieux [1]. »

M. Pareto a très ingénieusement contre-opposé au sophisme de Marx un autre sophisme dont on pourrait conclure, avec une égale apparence de vérité, que la valeur d'échange ou le coût de production dépend uniquement du capital, de sorte que le travail usurperait une part de la *plus-value* créée par le capital [2].

Il n'y aurait qu'à changer quelques mots à l'argumentation de Marx. De même que celui-ci ne tient pas compte de certains éléments du produit, on pourrait ne pas tenir compte d'autres éléments, et obtenir ainsi un résultat absolument opposé. Marx propose, par exemple, que la société s'approprie tous les capitaux pour en céder aux ouvriers l'usage gratuit, sauf les dépenses de conservation et de renouvellement. Pourquoi ne pourrait-on proposer alors que l'État réduise en servitude tous les travail-

1. Asturaro, *La sociologia e le scienze sociali*, p. 51. Chiavari, 1893.
2. V. Pareto, *op. cit.*, p. XL.

leurs et cède aux capitalistes l'usage de leur travail, gratuitement, sauf les frais de subsistance [1]? Une proposition vaut l'autre, au point de vue de la justice abstraite. Ainsi que la première viole *le droit de propriété individuelle*, la deuxième lèse *le droit de liberté individuelle.*

Les socialistes tronquent chaque question, en disant que nos idées de justice dépendent de l'ordre économique actuel, qu'ils n'admettent pas. Mais nous avons bien le droit d'examiner les choses avec les critériums de justice que nous possédons actuellement, que nous avons hérités de nos pères, et que nous sentons instinctivement; d'autant plus qu'il n'existe pas d'autres critériums de justice, parce que les socialistes ne les ont pas encore inventés, ou n'ont pas encore eu l'obligeance de nous les communiquer!

Or, en laissant de côté la question de savoir s'il est juste intrinsèquement que le capital crée un nouveau capital à l'avantage du capitaliste, on ne peut s'empêcher de considérer le salaire comme une anticipation sans laquelle l'ouvrier devrait attendre que la marchandise soit vendue, et risquerait jusque-là de mourir de faim, beaucoup plus facilement que cela n'arrive aujourd'hui.

Le système du salaire assure à l'ouvrier l'exis-

1. V. Pareto, *op. cit.*, p. XLI.

tence, parce que le salaire, dans les temps normaux, ne tombe pas au-dessous de cette limite *minimum* qui représente les premières nécessités de la vie; il est même presque toujours un peu supérieur à ce *minimum*; mais, en compensation de cette anticipation, il est juste que l'ouvrier abandonne une quote-part à ceux qui courent la chance de perdre entièrement, par les vicissitudes du commerce, la valeur de leurs actions.

Il n'existe donc pas d'injustice intrinsèque dans le système capitaliste, en admettant que l'on raisonne à l'aide des critériums de justice actuels, et non de critériums futurs et encore inconnus.

Seulement, il s'agirait de voir si, en socialisant le capital, il serait possible d'éviter que la *plus-value* créée par le *surtravail*, soit gagnée par d'autres personnes que par les ouvriers, de sorte que tout le profit, diminué de ce qui sert à faire subsister le capital (capital constant, selon Marx), puisse être distribué entre les travailleurs.

Pour que cela arrive, la société devrait prendre l'entreprise de tous les travaux. Notez bien que *socialiser* le capital ne veut pas dire que les ouvriers d'un *même atelier* deviendraient les propriétaires de telles machines déterminées ou de telles valeurs déterminées. Cela serait souverainement injuste, par suite de la diversité des conditions des différentes industries, et, dans la même industrie, des différents ateliers[1]. Il est clair qu'il ne pourrait manquer de s'ensuivre de très grandes différences de travail et de gain.

Or, telle n'est point l'idée de Marx : il entend que *tout* le capital soit socialisé. Cela signifie : la société entière est propriétaire et administratrice. — Reste à voir s'il s'agit d'une province, d'une nation, ou de tout le genre humain.

Remarquons en passant l'impossibilité que le collectivisme soit établi dans un seul État ou dans quelques États seulement, car le problème des échanges internationaux n'aurait pas de solution possible; comment pourrait-on éviter d'ailleurs qu'un millionnaire étranger vienne s'établir dans un pays soumis au régime collectiviste et veuille y dépenser son argent, faire travailler des gens à sa manière et les payer comme il l'entend? Faudrait-il donc isoler complètement la nation collectiviste de celles qui ne le seraient pas, moyennant une muraille chinoise, et, comme dans les lois de Lycurgue, interdire l'or et défendre aux étrangers de s'établir dans l'État? En effet, les anciens utopistes, qui ne manquaient pas du moins de logique,

1. « Quelques-uns proposent l'appropriation corporative : ce ne serait que substituer au régime de la concurrence individualiste qui nous écrase, un régime de concurrence qui ferait aussi du travail une bataille, où *les fortes corporations réduiraient les faibles aux privations et à la subordination* ». Malon, *Le socialisme intégral*, p. 434. Paris, 1890.

n'avaient jamais trouvé d'autre endroit, pour la société qu'ils rêvaient, que dans une île de l'Océan.

Mais si tout cela se fait pour éviter un excès de travail inutile à l'ouvrier, ou pour assurer à celui-ci le profit intégral, on risque non seulement de manquer le but, mais encore d'empirer la situation actuelle des travailleurs.

La société, en effet, devrait avoir des fonds pour garantir la paix et l'égale répartition des produits, pour l'acquisition des matières premières, pour l'entretien et le renouvellement des machines, pour payer les employés, qui, dans une administration aussi vaste et compliquée, formeraient une phalange démesurée; enfin, pour faire des avances aux besogneux.

Or, il est facile de prévoir que l'intérêt direct des propriétaires ayant disparu, les dépenses d'administration, comme il advient dans beaucoup d'établissements auxquels manque l'intérêt individuel, s'étendraient de façon à absorber le produit en une mesure bien supérieure à celle qui est représentée aujourd'hui par les intérêts du capital et par les dividendes. Et voilà ce que l'ouvrier gagnerait au collectivisme!

Une autre raison encore peut faire prévoir que le sort de ce dernier serait empiré : c'est l'inévitable diminution du capital social. En effet, d'une part la fin de toutes les industries qui servent au luxe privé ferait nécessairement diminuer le revenu total du pays, et, par là, la quote-part de chaque travailleur [1]; et, d'autre part, le même effet aurait lieu par suite du peu d'activité, de la négligence des travailleurs, que rien ne pousserait plus à faire vite et bien. Dans la récente et si importante discussion sur le collectivisme à laquelle s'est livrée, en France, la Chambre des députés, M. Jules Guesde a riposté, à cette objection, qu'au contraire, dans une nation maîtresse de ses moyens de production, chaque ouvrier s'efforcerait d'obtenir le produit *maximum* dans le temps *minimum* possible, parce que l'augmentation de production et la réduction du temps de travail se traduiraient en jouissances accrues pour tous les travailleurs.

Il est possible que cette réponse ait fait une certaine impression, et que, dans la rapidité des débats, on n'ait pu apercevoir immédiatement la faiblesse de l'argument. Mais il suffit d'observer que, le fruit du travail devant se répartir également entre tous les ouvriers d'une nation, supposons vingt millions, par exemple, l'augmentation de produit due à l'activité plus grande d'un ouvrier ne formerait qu'une quantité infinitésimale de la somme totale dont le

1. Voir à ce sujet un intéressant paragraphe de l'œuvre du baron G. Savarese, œuvre qui mériterait d'être plus connue : *Le dottrine politiche del secolo* XIX *e l'ordine naturale della società civile*, p. 53-63. Naples. — Voir aussi P. Leroy-Beaulieu, *Le collectivisme*.

bon ouvrier n'aurait, pour sa quote-part, qu'une vingt-millionième partie! Il est donc clair que la fraction d'augmentation qui lui appartiendrait serait absolument imperceptible. Ne vaudrait-il pas alors autant se fatiguer le moins possible?

Que l'on ajoute à tout ceci l'énormité des débours qui s'imposeraient à la société nouvelle pour obliger à l'obéissance des millions de récalcitrants, car, très probablement, l'expropriation des capitalistes n'aurait pas lieu sans résistances ni sans luttes très graves et très prolongées.

Le député allemand Eugène Richter[1] a démontré très spirituellement, mais non moins justement, que la nécessité d'une force armée et de légions d'employés deviendrait toujours plus grande. Dans la description qu'il fait de la société collectiviste, on commence par abolir l'armée permanente et les agents de police. Mais un premier tumulte suscité par l'annulation des livrets de caisse d'épargne, oblige bientôt le gouvernement à former un corps de *policemen*. L'expropriation des patrimoines ne peut se faire sans employer la force. Au bout de quelques semaines, donc, il faut augmenter la police. Finalement, il est nécessaire de créer une nouvelle armée permanente, limitée au début à cinquante mille hommes, et qui, aux dernières

1. Eugène Richter, *Sozialdemokratische Zukunftbilder* (Tableaux démocratiques sociaux de l'avenir).

pages du livre, se trouve portée à un million de soldats.

On peut jurer que les choses ne différeraient en rien de la prophétie de M. Richter. Et il est à parier que le nouveau gouvernement, devant pourvoir à tout, intervenir en toute chose, être présent partout comme une incarnation de la divine Providence, engloutirait infiniment plus de millions que ceux qui vont aujourd'hui engraisser le capitaliste. Comment ferait-il pour payer aux travailleurs les salaires transformés en appointements?

En attendant, je ferai cette remarque : que les définitions de Marx soient aussi scientifiques qu'on le veuille, que ses corollaires soient tirés au cordeau de la logique, qu'il soit complètement démontré que le capital ne cesse de s'accroître sans que les travailleurs y gagnent rien, que s'ensuit-il de tout cela? Il s'ensuit que si les ouvriers étaient en même temps propriétaires du capital, c'est-à-dire si le capital était commun, les ouvriers acquerraient cette part du profit qui est prise par le capitaliste pour son usage personnel. Grande découverte, en vérité!

Ce qu'il aurait fallu faire, c'eût été de prouver que le collectivisme soit un système pratique et réalisable, et que par ce système, la production et la répartition puissent s'effectuer de manière à améliorer les conditions des travailleurs. Mais les socialistes ne s'inquiètent pas de cela. Ils ne se sont même pas donné la peine d'indiquer une nouvelle règle de répartition.

Le collectivisme n'est pas une invention de Karl Marx. Il n'est qu'une modification des systèmes de Saint-Simon, d'Owen, de Fourier et de Cabet, de ces hommes que précisément on nomme aujourd'hui les « utopistes » ou les « romantiques » du socialisme.

Ceux qui ont tenté de montrer de quelle manière les principes du collectivisme pourraient s'appliquer à notre société, sont Henry George, qui s'est limité à la production agricole, Lassalle et Louis Blanc, qui se sont occupés en particulier de la grande production industrielle, et Schaeffle, le seul théoricien véritable, dont les élucubrations sont, pour cette raison, interrompues à tout moment par des hésitations et des doutes sans fin, et qui conclut en indiquant que les conditions nécessaires à la fondation du régime collectiviste, sont encore inexistantes.

Marx ne contribue en aucune façon à la constitution du nouvel organisme social.

Ce qu'il a découvert se savait dès le commencement des siècles : c'est qu'en ce monde domine souvent l'injustice. En vue de la réparer, il retombe dans le collectivisme, c'est-à-dire dans l'utopie, dont il n'a pas, d'une seule ligne, diminué l'absurdité.

Les nouveaux socialistes, comme nous l'avons déjà dit, chargent l'œuvre de Marx de répondre à toutes les objections. Cela est commode, mais, malheureusement pour eux, Marx, le grand critique du système capitaliste, est resté absolument muet sur les critiques adressées au système collectiviste. Ce système est bien la fin de ses aspirations, cela se voit à chaque page de son livre, mais il n'a jamais été exposé ni justifié par lui.

Or, la critique du système capitaliste n'est que la critique de toute la vie industrielle actuelle, au point de vue de la justice distributive.

Maintenant, s'il est vrai que la rémunération du travail et celle du capital ne répondent pas à un idéal de justice, ainsi, de même qu'elles ne sont pas imposées par des lois provenant de l'homme, on ne peut les changer par des lois, étant donnée la persistance de l'organisme social dans la manière d'être où il fonctionne aujourd'hui. Cet organisme, il est vrai, est susceptible d'être transformé; et personne ne prétend que les formes économiques actuelles doivent durer éternellement et immuablement.

Seulement, les socialistes de l'école de Marx n'attendent pas la transformation d'une lente évolution, mais d'une révolution du peuple dont ils fixent même l'époque à l'aube du XXe siècle ou un peu plus tard; en un mot, ils veulent que la transformation dans le sens socialiste soit imposée par la force du prolétariat à ceux qui maintenant possèdent la richesse.

Mais s'ils ne savent pas de quelle façon la nouvelle société devra être constituée, si chaque plan de l'édifice, imprudemment révélé par quelqu'un de leurs adeptes, est aussitôt répudié par eux, parce qu'il ne peut soutenir la critique la plus élémentaire, s'ils ont été incapables jusqu'ici de donner une règle pour la répartition des produits [1], le mouvement n'aura ni but, ni programme, ni méthode.

D'autre part, est-il possible d'imaginer qu'une transformation économique telle que le serait la substitution de la propriété collective à la propriété privée, puisse s'accomplir par le fait d'une révolution, chose à laquelle on tend en poussant les ouvriers à s'emparer du pouvoir, soit pacifiquement au moyen des élections, soit violemment, par un soulèvement général?

Il faut lire ces paroles, qu'un auteur non suspect aux socialistes écrivait en 1886 :

« La modification des rapports économiques ne peut dériver que de ces mêmes rapports... Tandis que la science moderne, grâce à sa doctrine fonda-

1. « Le socialisme ne cherche et ne voit dans la théorie marxiste de la valeur, aucune mesure de répartition », dit Schaeffle. C'est avec raison que M. P. Leroy-Beaulieu observe à ce sujet : « Ce qui n'a plus de raison d'être, ce n'est pas seulement la polémique, c'est le prétendu socialisme scientifique qui, simplement, se moque du monde ».

mentale, exclut la nécessité d'une révolution violente comme moyen de transformation des rapports économiques, elle en exclut jusqu'à la possibilité en démontrant l'impuissance d'une révolte populaire à modifier un organisme social qui est le produit nécessaire d'un stade déterminé du développement historique humain... En effet, une révolution violente qui transférerait aux classes pauvres le pouvoir politique, pourrait bien déterminer une législation restrictive de la propriété ou même changer les personnes qui profitent des rapports de production existant, mais elle demeurerait incapable de modifier la structure même de ces rapports, laquelle, fixée par une nécessité à la fois naturelle et historique, ne peut se modifier que par le changement des causes physiques qui l'ont produite.... *La révolte des classes salariées ne sera jamais le mode de transformation de notre système économique ni le phénomène qui créera la félicité humaine*.... La conquête du pouvoir politique de la part des travailleurs, en laissant intacts les rapports de la propriété, changerait les personnes qui en tirent avantage[1] ».

Oh, oui, quant à cela, le changement des personnes ne se ferait pas attendre! Voilà pourquoi la révolution est invoquée par tous ceux qui n'ont rien,

1. Loria, *La teoria economica della costituzione politica*, p. 136 et 137. Turin, 1886.

et qu'elle est désirée par les politiciens du désordre, qui espèrent occuper ainsi les premières places, d'où les excluent, dans une société bien ordonnée, leur vulgarité et leur ignorance. Car chacun, en effet, pense qu'à ce jeu-là il pourrait avoir de la chance!

III

Voyons maintenant si l'évolution sociale naturelle conduit au collectivisme, comme l'affirment les nouveaux socialistes « savants ».

C'est un corollaire de la doctrine évolutionniste, — disent les nouveaux socialistes, en répétant ou en paraphrasant une pensée de Marx, — que « la forme économique actuelle devra, à une époque plus ou moins éloignée, céder la place à une forme plus parfaite. A ce moment, les derniers monopoles étant tombés, toutes les conditions seront réalisées qui sont nécessaires à l'évaluation des produits en travail, et la nouvelle forme économique réalisera l'idéal de valeur... Le concept même de l'échange, parvenu au stade extrême de son évolution, devra disparaître, pour donner lieu à un concept supérieur. La marchandise sera évaluée en travail au moment même où elle cessera d'être marchandise. Aux échanges individuels succédera nécessairement la réciprocité des services en travail, et des compensations entre l'individu et la société.

« Ce concept à son tour commencera immédiatement son évolution, et à mesure que croîtra la richesse sociale(!) et par l'effet des nouveaux rapports économiques, l'altruisme humain, la formule : « A chacun selon son travail », cédera aussi peu à peu à cette autre formule : « Chacun selon ses forces et chacun selon ses besoins », qui est la loi limite de l'économie, et peut-être de l'espèce humaine elle-même[1] ».

M. Ferri exprime la même idée, en ajoutant que « le processus de socialisation de la propriété, quoique partiel et accessoire pour le moment, est pourtant évident et continu », et que la prépondérance toujours plus grande des droits de la collectivité comparativement à ceux de l'individu « deviendra, par une évolution fatale, une substitution complète par rapport à la propriété de la terre et aux moyens de production[2] ».

Ce mouvement, ils le croient analogue et connexe à celui qui a toujours plus étendu la sphère de l'État, pour qu'il pût pourvoir aux intérêts communs, même au détriment des intérêts individuels. Et tout ceci correspond, selon eux, au concept moderne naturaliste de la société, considérée comme un

1. Asturaro, *op. cit.*, p. 51-53.
2. Enrico Ferri, *op. cit.*, p. 32-33, 103.

organisme vivant. « L'individu par lui-même n'existe pas, mais existe seulement en tant que partie d'une société.... L'espèce, c'est-à-dire l'agrégation sociale, est la grande, vivante et éternelle réalité de la vie[1] ».

Cette doctrine, en partie purement prophétique, se fonde, comme on voit, d'une part sur l'affirmation d'un fait : le processus, déjà commencé, de la socialisation de la propriété ; de l'autre, sur la théorie naturaliste, qui considère la société comme un organisme vivant, dont les molécules (les individus), chacune par elle-même, n'ont aucune importance.

Or, en ce qui concerne le fait, il est très inexactement et superficiellement observé.

Le processus qui a été observé du moyen âge à la Révolution française, et, de celle-ci, plus hâtivement, à nos jours, est au contraire complètement opposé à ce que nous disent les socialistes, parce que la propriété, qui avait encore dans certains lieux et dans certaines limites une forme collective, est toujours allée en s'individualisant davantage. De nos jours nous voyons non seulement disparaître les derniers vestiges de propriété collective, avec les successives abolitions des usages civiques, mais se produire aussi en Italie un mouvement inverse du collectivisme, c'est-à-dire le partage entre les pay-

1. Enrico Ferri, *op. cit.*, p. 66-68.

sans de grandes propriétés domaniales, en prenant soin que les parts ne soient pas minuscules et ne puissent être promptement absorbées de nouveau par le domaine, à cause de la contribution foncière. En Autriche, en 1880, on a promulgué des lois pour garantir la petite propriété foncière et pour la faire renaître là où elle avait été anéantie. Le fermage aussi, qui est à un certain point de vue un premier pas vers le socialisme, tend en Italie sinon à disparaître, en tout cas à devenir moins fréquent [1].

Les États-Unis — observe M. Yves Guyot — possèdent des territoires immenses qui ne cessent de se dénationaliser et de se convertir en propriété privée [2]. Ce fait amène justement M. G. Negri à remarquer que si le socialisme était proche de la victoire, nous verrions pencher vers lui les nations qui sont à la tête du progrès et qui représentent la vraie démocratie moderne. « L'Amérique et l'Australie — dit-il — sont des nations nées d'hier, libres de tout poids désagréable de traditions, qui pourraient en conséquence s'adapter facilement au moule qui leur paraîtrait le plus convenable. Eh bien! s'il y a des pays où le concept socialiste est rejeté, où l'idée — je dirai mieux, où le sentiment de la propriété se révèle dans toute sa force et son acuité, ce sont

1. Enrico Ferri, *op. cit.*, p. 81.
2. Yves Guyot, *La tyrannie socialiste*. Paris, 1893.

justement l'Amérique et l'Australie. Les colons américains qui occupent les terres du Far West, les *squatters* australiens qui conduisent leurs innombrables troupeaux dans les solitudes de leur continent, ne pensent point à fonder des communautés socialistes; ils donnent au contraire le spectacle d'un individualisme porté à son extrême intensité.

« *L'aiuola che ci fa tanto feroci* (La petite aire à laquelle nous tenons avec tant d'acharnement), — c'est ainsi que Dante nommait la terre en général. Ce vers de notre poète, tout colon d'Amérique ou d'Australie pourrait l'appliquer à son lambeau de sol. Certainement, en Amérique et plus encore en Australie, il y a moins de misère que dans notre vieille Europe; c'est l'effet d'une bien plus grande intensité productive et de la prospérité qui s'ensuit. Le socialisme croit pouvoir départir à l'Europe une égale, même une plus grande prospérité. Ici gît l'erreur. La prospérité n'est que le produit de l'énergie individuelle et libre dans un milieu où les forces naturelles ne sont ni repliées ni déviées.

« L'avenir de l'humanité n'est pas dans l'abolition de la propriété individuelle, qui constitue la loi suprême du socialisme; l'avenir est, au contraire, dans la diffusion de cette propriété. Telle est la direction qu'a prise la civilisation moderne. Si la France est la plus riche des nations continentales, c'est parce que chez elle la propriété est extrêmement partagée... La Suisse est une nation de propriétaires. En Italie même, les régions les plus prospères, la haute Lombardie, la Toscane, les environs de Naples, nous présentent précisément un grand fractionnement de la propriété foncière. C'est dans cette voie que doit avancer la société[1] ».

Comment, après tout cela, M. Enrico Ferri peut conclure que la substitution de la propriété sociale à la propriété individuelle « s'accomplit de jour en jour, d'heure en heure, de manière directe et de manière indirecte[2] », c'est là une chose absolument incompréhensible. Ce qu'on remarque aujourd'hui est précisément l'opposé.

Il n'y a jusqu'ici nulle part aucun indice d'un retour aux formes de propriété collective existant chez quelques tribus primitives et quelques peuples semi-barbares, presque toujours nomades, formes disparues à l'époque de la civilisation gréco-romaine, reparues au temps de la barbarie médiévale, et détruites nouvellement par l'essor de la civilisation.

L'évolution humaine, considérée sous tous ses aspects, consiste, comme le dit M. Vanni, en un processus d'individualisation, « tandis qu'à son tour l'histoire de l'évolution juridique révèle, dans la reconnaissance de l'autonomie de l'individu, un des

1. G. Negri, *Le conseguenze del socialismo*, dans le journal *L'Italia liberale*, 20 mai 1892.
2. Enrico Ferri, *op. cit.*, p. 82.

signes les plus certains du progrès du droit, évolution et progrès qui désormais devraient signifier précisément l'opposé [1] ».

Le mouvement collectiviste est donc rétrograde. Cela peut s'affirmer en toute sûreté à l'aide de l'histoire, cette histoire qui pour les positivistes ou les expérimentalistes devrait être la base de toute induction, parce que les révolutions historiques sont en sociologie ce que sont en physiologie ou en botanique les transformations de l'animal ou de la plante.

Et aux inductions tirées de l'histoire il est puéril de répondre, comme le fait M. Loria, que le fleuve de l'humanité a une tendance à remonter à ses propres sources et que le genre humain est « ballotté, du bonheur sauvage de la communauté primitive, dans les tempêtes et les tourments de la propriété, et, sous les auspices de celle-ci, accomplit un trajet séculaire à travers les batailles et les martyres, jusqu'à ce qu'il termine ce triste voyage et trouve dans une forme sociale parfaite la paix et la justice de l'ère primitive fécondées par la civilisation [2] ». C'est là un très beau morceau lyrique, mais je n'y vois pas l'ombre de science, et surtout de science positive. J'y vois au contraire, logiquement, une

1. Icilio Vanni, *La funzione pratica della filosofia del diritto*, p. 55. Bologne, 1894.
2. Loria, *op. cit.*, p. 143.

contradiction dans les termes, parce que si la civilisation progressive a détruit le collectivisme et continue aujourd'hui encore à en détruire les dernières traces, cette civilisation même refusera, très probablement, de « féconder » la forme sociale de l'ère primitive qu'elle avait supprimée.

Il ne sert à rien non plus de dire que, dans la phase derniere de l'évolution, les éléments disparates qui se dégagèrent dans les phases intermédiaires se recomposeront harmonisés en une synthèse qui sera un gigantesque reflet de l'organisme primitif.

Ce sont là des idées — que l'éminent écrivain me pardonne! — qui, à vrai dire, n'ont rien de positif, parce que ce ne sont pas des inductions tirées de l'observation des faits historiques.

Il est donc inutile de venir nous parler, comme le font, en suivant la même idée, MM. Asturaro et Enrico Ferri[1], de l'achèvement d'un cycle, d'un grand rythme, etc., images poétiques qui n'ont aucune valeur scientifique en présence de l'histoire, qui démontre l'existence d'une loi de progression bien différente.

La régression qui s'y est manifestée parfois, et qui a interrompu le développement naturel des institutions sociales, a toujours été déplorée comme un désastre qui a frappé une ou plusieurs nations. Dans

1. Enrico Ferri, *op. cit.*, p. 104.

notre moyen âge, dès que les Communes s'aperçurent de leur force, elles réagirent contre les institutions importées par la violence, et firent de longs et continuels efforts pour les extirper. Cette lutte millénaire a ramené la société du XIXe siècle à des conditions analogues à celles de l'empire romain aux premiers siècles de l'ère chrétienne, avec cette différence, immense au point de vue moral comme au point de vue juridique, qu'à l'esclavage se trouve substituée la location de travail. En y ajoutant donc la reconnaissance des droits inaliénables de la personnalité humaine, sauf en ce qui concerne les condamnés à des peines afflictives, les rapports sociaux, de la révolution du siècle dernier à nos jours, sont redevenus à peu près ce qu'ils étaient à l'époque romaine.

La liberté individuelle est le caractère propre de la civilisation avancée et des grandes agglomérations nationales.

Avec le progrès des temps, l'individu s'est toujours plus détaché de la communauté. Est-ce un bien? est-ce un mal? C'est ce que je ne discute pas pour l'instant : mais j'affirme ce fait, démontré par l'histoire.

L'individu était bien peu de chose dans les tribus primitives ou dans les *clans*. Sa liberté devint un peu plus grande dans la petite agrégation limitée à l'enceinte de la cité (*civitas*). Elle s'accrut dans les

États un peu plus étendus et ne connut, dans les grandes nations, d'autre limite que le respect de la liberté d'autrui. Dans un État très civilisé, même le service militaire n'est pas obligatoire, si les conditions particulières permettent d'y pourvoir par des enrôlements volontaires, comme l'Angleterre et ses colonies en donnent l'exemple. En règle générale, l'existence de l'État ne devrait se concevoir que pour la protection de tous les droits, c'est-à-dire pour empêcher ou réprimer la violation des lois, et pour la défense de la société contre tous ses ennemis, intérieurs ou extérieurs. C'est là la mission véritable de l'État, parce que c'est là sa raison d'être; dans ces seules limites il devrait faire usage de la force; ce n'est que pour l'accomplissement de ces fonctions qu'il devrait soumettre à des contributions les citoyens, en proportion de leurs ressources. A toute autre fin, ceux qui ont intérêt à une institution *spéciale* peuvent y pourvoir par des associations et des contributions volontaires. Et Herbert Spencer est allé jusqu'à soutenir la légitimité de la résistance des citoyens, quand les impôts ont un but différent.

Mais hâtons-nous de dire que cet idéal de l'État n'a jamais été atteint nulle part, pas même en Angleterre ni dans les États-Unis d'Amérique, qui pourtant s'en étaient notablement approchés; mais plus qu'ailleurs, il est encore très éloigné des nations latines.

On peut ajouter, au contraire, que l'intervention de l'État dans maintes choses étrangères au but de la justice et de la défense, s'est de beaucoup augmentée dans la seconde moitié de ce siècle.

Il s'est manifesté une tendance de l'État à seconder le progrès social et à pourvoir à beaucoup d'intérêts de la communauté, même si cela implique la restriction des droits individuels ou une surimposition pour les contribuables.

On a prononcé enfin le mot de « socialisme d'État ».

C'est à l'État que s'adressa Lassalle, en demandant cent millions de thalers pour mettre les ouvriers à même d'acheter les machines.

Et Bismarck a imposé à l'État la charge de contribuer à assurer le sort des incapables et des vieillards.

Le caractère de ce travail ne me permet pas d'aborder, même dans sa généralité, une question aussi ardue.

Je ne dirai donc pas s'il est temps désormais que les gouvernements s'arrêtent sur la pente périlleuse, et si l'on n'observe pas déjà des symptômes qui font présager un mouvement en sens inverse.

Je dirai seulement que le seul critérium juste de l'ingérence de l'État est toujours l'avantage *universel*, qu'il s'agisse d'intérêts moraux ou d'intérêts matériels.

La détermination est plus aisée du point de vue matériel. Ainsi, rendre faciles et sûres les communications (rues, canaux, télégraphes), améliorer les terrains marécageux ou incultes, pourvoir à l'hygiène publique, prévenir les épidémies, etc., ce sont des choses d'intérêt public évident; et de la nécessité d'y pourvoir dérive celle de *l'expropriation pour cause d'utilité publique*. Mais pour pouvoir obtenir une déclaration d'utilité publique, il est nécessaire de déterminer avec précision un fait « dont la réalisation est requise en un but public également déterminé de la vie économique ou civile de la communauté »; en outre, une semblable déclaration « doit être demandée et concédée cas par cas [1] ». Dans ces limites, l'institution de l'expropriation est conciliable avec le droit de propriété. Là où seraient interprétés en un sens large et indéterminé l'utilité publique et l'intérêt public, serait dénaturé le caractère constitutionnel de l'expropriation [2].

Mais il y a beaucoup plus d'élasticité quand il s'agit des *intérêts moraux* de la société; c'est ici que s'est produit le mouvement le plus récent et qui rencontre la plus grande résistance de la part des individualistes.

Nous trouvons ici deux problèmes : *bienfaisance* et *instruction*. Certainement, le sentiment public

1. Chimienti, *Il diritto di proprietà*, p. 162. Turin, 1891.
2. *Id.* *Ibid.*

réclame des soins pour l'enfance abandonnée et pour la vieillesse incapable; il veut qu'on n'oblige pas à succomber ceux qui, par incapacité physique, ne peuvent soutenir la lutte pour la vie.

Et d'autre part, il a paru d'un intérêt universel que l'État s'occupe de l'éducation et de l'instruction populaire, pour que les populations ne soient pas rustiques et sauvages.

Mais c'est là une pente sur laquelle il est facile de glisser. Pourvoir aux besoins des vieillards, des enfants abandonnés et des infirmes, c'est là réellement une affaire d'intérêt public, parce que c'est un intérêt d'humanité [1], sentiment qui triomphe de n'importe quel intérêt matériel, si l'on admet qu'une société civile ne vit pas seulement de ce dernier. Mais, du secours à la misère réelle à l'aide d'asiles, de dortoirs, de cuisines économiques, etc., on a franchi facilement et imprudemment le pas menant à garantir le prolétariat contre la misère possible, au moyen d'assurances obligatoires contre les accidents du travail et contre la future incapacité de l'ouvrier, pour raison d'âge et de maladie.

1. A partir du premier siècle de l'empire romain, les sentiments humanitaires poussèrent les empereurs à la fondation d'institutions ou d'asiles pour les jeunes filles pauvres, et plus tard aussi pour les garçons. Les premières fondations furent celles de Trajan; puis suivirent les « Faustiniennes » d'Antonin le Pieux et de Marc-Aurèle, les « Mamméennes » d'Alexandre Sévère. Voir A. Moscatelli, *L'amore e la carità verso i fanciulli nell' antica Roma*. Rome, 1890.

A présent il est très facile, ces premiers pas faits, d'en faire de plus hardis encore, en tendant toujours davantage à l'État-Providence tant blâmé par les écrivains positifs [1].

C'est que, quand s'est fait jour, dans la conscience publique, l'idée que la communauté doit s'occuper de ceux qui, par suite de leur inhabileté physique, ne peuvent travailler, il est facile de sauter le fossé qui nous sépare de la région véritable du socialisme, en étendant le principe aux êtres valides et inoccupés. En vérité, si ceux-ci, malgré leur bonne volonté, ne trouvent pas de travail, ou si leurs fatigues ne sont pas suffisamment rétribuées, ils ne sont pas moins à plaindre que ceux qui, par suite d'un défaut physique, ne peuvent travailler; l'effet est toujours le même : la faim non méritée. Et il est facile de voir où nous pouvons être conduits par la proclamation du droit au travail. On avait d'ailleurs commencé à le voir à Paris en 1848 [2].

1. « Le socialisme, ancien ou nouveau, rationaliste ou évolutionniste, se résume en substance dans la prétention de réaliser en ce pauvre monde humain un ordre absolument juste, et ainsi se révèle toujours son esprit métaphysique, parce que la métaphysique, sous n'importe quelle forme et quelle application, consiste essentiellement à ne pas reconnaître de limites... Il ne lui reste qu'à organiser artificiellement une providence humaine ». Icilio Vanni, *La funzione pratica della filosofia del diritto*, p. 60-61.

2. On sait que les ateliers nationaux ne durèrent que quelques mois, et coûtèrent plusieurs dizaines de millions, sans venir en aide à d'autres gens qu'à un ramas de vagabonds.

Mais deux observations importantes se présentent ici.

En premier lieu, de quelque façon qu'on entre dans la voie du socialisme d'État (et l'on n'y est déjà que trop entré), cette voie ne mène pas nécessairement au collectivisme, parce que, pour y mener, il faudrait démontrer que la propriété collective est avantageuse à la nation et que la propriété individuelle lui est nuisible, comme on a jugé que l'étaient les domaines ecclésiastiques ou privés de main-morte.

En second lieu, si le socialisme d'État impose aux contribuables des sacrifices toujours croissants, il a néanmoins respecté jusqu'ici les principes juridiques et moraux sur lesquels est fondée la société.

Ces institutions d'assistance pour les faibles, les malades et les incapables, qui, après la fin des corporations d'arts et métiers et après l'abolition de la féodalité, avaient été abandonnées uniquement à la charité individuelle, et qui maintenant, réclamées par le sentiment universel, et obtenues malgré l'opposition de l'individualisme exagéré, forment la bienfaisance publique, organisée, au moins en partie, par l'État ou par les communes, ces institutions peuvent être étendues par la démocratie dominante, de façon à accroître toujours davantage les charges qui pèsent sur les propriétaires, ainsi que les impôts de succession. Il s'ensuivra possiblement des crises et des ruines analogues à celles qu'on a déjà vues, et peut-être plus vastes encore, dont pourront profiter une fois de plus les grands capitalistes au détriment des petits propriétaires. Mais tout ceci ne mènera point du tout à l'abolition de la propriété individuelle.

Sans doute, dans la société de l'avenir, il se peut que, par la destruction de la petite propriété, par les mauvaises conditions de l'agriculture et par l'accumulation immense et disproportionnée des capitaux en un petit nombre de mains, on veuille faire l'expérience de la *nationalisation* du sol cultivable. Ce sera une folie, mais combien de folies n'a-t-on pas déjà vues dans l'histoire! La *gestion collective des entreprises agraires* ne signifierait pas toutefois la fin de la propriété individuelle, parce que, à moins que n'aient disparu les idées de justice qui dominent et ont toujours dominé dans la société humaine, l'expropriation ne pourra se faire que moyennant indemnité [1], ce qui ne signifie pas la fin

1. Ce point de l'indemnité a été une terrible épine pour les socialistes, qui ont parfaitement compris ce que Spencer démontre si bien : à savoir que le payement de ces indemnités paralyserait tout le mouvement de transformation économique dans le sens du collectivisme. D'aucuns proposent de procéder à la confiscation graduellement, au moyen de très fortes taxes de succession (Malon); d'autres croient possible la confiscation directe, en dédommageant les expropriés par des objets de jouissance personnelle (Schaeffle); d'autres, moyennant l'assurance d'une modeste rente viagère (Ferri). Quelqu'un pourtant

de la propriété, mais seulement la substitution d'un genre de propriété à un autre.

Ensuite, la gestion agraire collective, en supposant qu'elle fût avantageuse à la nation, n'entraînerait pas du tout la nécessité de la socialisation des maisons urbaines ni de celle des établissements de travail.

C'est ainsi que M. H. George a limité le collectivisme à l'industrie agricole, en proposant la con-

s'est trouvé, qui, sans tant de scrupules, a proposé *la confiscation pure et simple de la rente.* M. Henry George, l'auteur de cette charmante solution, croit justifier la confiscation sans indemnité par les principes mêmes du droit civil, parce que, dit-il, l'illégitimité de la propriété foncière individuelle reconnue, on procéderait comme on procède aujourd'hui, quand on constate qu'un propriétaire déterminé n'avait pas de titre. Mais M. H. George oublie que, dans le droit civil, existe la prescription, par laquelle, après un temps fixé, même celui qui possédait sans aucun titre, devient légitime propriétaire. L'exemple n'est donc pas heureux. Et que dira-t-on ensuite de la naïve proposition de M. George lui-même, de laisser aux propriétaires leurs titres, avec le droit d'aliéner et d'hypothéquer, mais en confisquant la rente tout entière, sauf un tant pour cent comme dédommagement de leur travail de perception des rentes, au profit de la société? « Nous pourrons bien leur laisser la coque, si nous prenons la noisette! ». Telles sont les paroles textuelles de cet économiste. Peut-on être plus noble dans la forme, ou plus généreux dans le fond? Voir Henry George, *Progrès et misère*, dans le recueil de Boccardo, p. 553, tome IX, 3e partie.

Il est clair, du reste, que nier le droit des propriétaires à l'indemnité, simplifierait de beaucoup la besogne. Nous aurions alors la spoliation, pour laquelle il ne serait pas nécessaire de suivre le lent processus évolutif. Et d'un seul coup on pourrait supprimer la propriété foncière, — en supposant qu'on en ait la force!

fiscation de la rente foncière; il n'a même pas songé que toute autre espèce de propriété individuelle devrait être pareillement abolie [1].

On peut également concevoir la propriété et la gestion collective d'industries déterminées, — des mines, par exemple, des moyens de transport ou de communication (ce qui se voit déjà aux États-Unis, où les chemins de fer, les canaux, les télégraphes sont la propriété de l'État et sont administrés par lui), — sans que cela implique en rien la socialisation de la terre cultivable. On peut dire plutôt qu'*une forme de propriété individuelle se montrerait toujours à côté d'une forme de propriété collective.* Ce qui ne peut se concevoir, c'est qu'un État pré-

1. Henry George combat le monopole foncier par l'idée où il est qu'il s'y trouve, d'une part, une constante diminution des salaires, de l'autre un constant accroissement de la rente foncière, et par le rapport nécessaire qu'il a cru voir entre cet accroissement et l'abaissement des salaires. Mais les faits sur lesquels il a fondé ces lois n'étaient que transitoires et locaux. La vérité est que les salaires se maintiennent en Amérique à un niveau beaucoup plus élevé qu'en Europe, et que l'expérience constante prouve que « dans les conditions prospères ou adverses, revenus et salaires sont toujours mis en commun ». Voir Cognetti de Martiis, *Il socialismo negli Stati Uniti d'America*, p. 293, recueil de Boccardo, *vol. cit.*

En tout cas, si les nouveaux socialistes prônaient le collectivisme limité à la seule industrie agraire, on aurait au moins la possibilité de discuter, parce qu'on ne rencontrerait pas dès le principe l'absurde, comme dans le collectivisme universel. Ce qui ne veut point dire que le collectivisme agraire soit facilement praticable, comme l'affirme, avec une légèreté inaccoutumée chez lui, Emile de Laveleye dans *Le socialisme contemporain*, p. 304.

tende abolir toute propriété individuelle présente et future, en expropriant, sans indemnité, les biens des citoyens, et en annulant ainsi le produit du travail et de l'épargne des individus. Cela ne peut se concevoir, je le répète, avec les idées de justice dans lesquelles nous sommes nés et desquelles nous sommes imbus. Ces idées-là ne se détruisent pas dans l'humanité, suivant le bon plaisir des législateurs. Une révolution forcenée du prolétariat pourrait amener ce résultat, mais elle ne consommerait que la ruine des propriétaires actuels. Elle ne pourrait empêcher, le lendemain, la résurrection de la propriété individuelle, et il n'y aurait de nouveau que les personnes des propriétaires.

Mais le socialisme d'État pourrait-il se déshonorer par de pareils excès? Je ne le crois pas, parce que les hommes qui le soutiennent comprennent que l'État ne peut être fondé sur la violation du droit [1]. Les blessures trop profondes déjà faites à la propriété individuelle excitent maintenant à la réflexion les hommes d'État, et la réflexion montrera l'opportunité de refréner cette tendance dont le péril a

1. « Je croirais à une société bien près de mourir, si la propriété héréditaire ne subsistait pas. Avec elle disparaîtraient le principe d'autorité sans lequel il n'y a pas de travail collectif; la liberté qui s'appuie sur la puissance individuelle dont la propriété est la forme la plus nécessaire, le lien familial et le plus grand stimulant du travail humain : travailler pour ses enfants ». Jules Simon, *Le Figaro*, 15 août 1884.

été si évidemment démontré par la vraie science sociologique [1].

D'autre part, quand une nation est parvenue à un certain degré de progrès, l'État pourrait se dépouiller de beaucoup de ses attributions, sans danger pour la civilisation.

On cite la gestion des chemins de fer comme un premier pas vers le collectivisme; mais on oublie qu'en Angleterre, en Amérique, en Australie et dans maints autres États, les chemins de fer appartiennent à des sociétés privées.

Les assurances contre les accidents du travail, les maladies et la vieillesse des ouvriers, peuvent dériver de l'initiative de l'État, mais celui-ci devrait en tout cas limiter son ingérence à la détermination du concours obligatoire des patrons [2].

1. Herbert Spencer, *L'individu dans ses rapports avec l'État.* — Voir aussi Icilio Vanni, *La funzione pratica della filosofia del diritto*, p. 65.

2. On entend déjà en Allemagne des lamentations générales contre les lois d'assurance des incapables et des vieillards. Tous en sont mécontents : les ouvriers obligés d'abandonner une partie de leur salaire, de seize à soixante-dix ans, pour que quelques-uns seulement parmi eux, atteignant cette limite extrême d'âge ou étant victimes d'un désastre, obtiennent enfin une mesquine et insuffisante pension; les autorités locales, à cause des complications administratives; les patrons, par suite des ennuis qui en résultent. On a calculé que dans beaucoup de villes ces lois ont eu pour effet de faire augmenter les impôts d'une manière assez notable. « En résumant à grands traits — dit le *Courrier de Naples* du 30 août 1894 — les volumes imprimés contre ces lois, on y lit qu'elles affaiblissent l'initiative individuelle des travailleurs, des com-

Enfin l'instruction publique pourra aussi, dans l'avenir, être abandonnée, par l'État et par les communes, à l'initiative privée. Quand l'ignorance grossière aura disparu de la population, il n'y a pas à craindre qu'elle se reproduise, parce que les pères de famille apprécieront trop les bienfaits de la culture, pour en laisser complètement dépourvus leurs enfants. On verra s'étendre les associations libres, volontairement soutenues par les propriétaires, qui se proposeront d'encourager l'éducation et l'instruction de l'enfance; ce sera la fin de l'école gouvernementale, qui est déjà la pire de toutes. Quant à l'instruction supérieure, les avantages individuels qu'elle apporte sont trop évidents pour qu'on en ait à craindre la fin, si le gouvernement cesse de l'aider; et l'on finira par comprendre que la culture classique et professionnelle doit être exclusivement payée par celui qui veut en profiter.

De cette façon, toutes les écoles secondaires et les universités seront des fondations privées et alimentées uniquement par ceux qui les fréquenteront.

mis, des paysans, qui, en devenant patrons, perdent toutes leurs primes d'assurance, à moins qu'ils ne payent à eux seuls le triple des primes payées jusqu'alors à moitié avec le capital respectif. Le député Grillenberger, socialiste, propose, au lieu de l'assurance, le payement de la part de l'État d'une pension aux ouvriers septuagénaires, parce qu'on a calculé que la somme annuelle serait presque égale aux intérêts des nombreux millions qui maintenant se consomment en dépenses d'administration pour la caisse des pensions.

L'État une fois allégé de ces poids si lourds, ce qui aura pour effet de faire diminuer les impôts, chacun pourra jouir de la majeure partie du fruit de son travail, qui est aujourd'hui entamé par l'obligation de contribuer à des œuvres et à des institutions d'intérêt spécial qui ne le regardent en rien. La propriété individuelle sera ainsi restaurée, et cela augmentera la richesse publique, en diminuant la misère des classes inférieures, qui souffrent cruellement non pas de l'existence des grandes fortunes, mais bien plutôt du malaise économique des classes supérieures.

Telle est la direction que la raison conseille désormais aux États, et qui sera graduellement suivie par eux, si des démocraties aveuglées et furieuses ne s'emparent pas des gouvernements.

IV

J'ai parlé jusqu'ici du fait, erronément affirmé par les socialistes, d'un processus de socialisation de la propriété déjà commencé, disent-ils. Voyons maintenant ce qu'il y a de vrai dans leur idée théorique du rapport entre une telle tendance et le *concept scientifique* de la société comme organisme vivant.

Ainsi que je l'ai dit un peu plus haut (Voir le

paragraphe précédent), les socialistes se fondent sur la théorie naturaliste, selon laquelle l'agrégat a une vie propre, qui peut être considérée indépendamment de celle des individus qui le composent.

Du polype, du corail et d'autres êtres semblables placés au premier degré du règne animal, le concept de la vie d'une agrégation sociale s'est étendu aux colonies de fourmis et d'abeilles, grâce à quelques observateurs, parmi lesquels il est juste de mentionner M. Espinas[1]. Un socialiste d'État, Schaeffle, transportant aux sociétés humaines ce même concept, a décrit les organes et les fonctions d'un agrégat d'hommes trouvés par lui analogues aux organes et aux fonctions d'un animal[2].

En vérité, ce concept, dépouillé de tout son attirail scientifique, peut être regardé comme infiniment plus ancien; on en a la preuve par Menenius Agrippa, qui s'en servit pour une fin bien différente du socialisme.

Pourtant, dans son apologue, Menenius Agrippa croyait employer un simple argument d'analogie. Il n'aurait pu s'imaginer que la science du XXVIIe siècle *ab urbe condita* aurait enseigné sérieusement ce qu'il disait en plaisantant, à savoir que la société

1. A. Espinas, *Les sociétés animales*. Paris, 1877.

2. Schaeffle, *Structure et vie du corps social*. — Voir aussi Vadalà Papale, *Darwinismo naturale e darwinismo sociale*. Turin, 1883.

humaine est un animal qui sent, pense, mange, boit, digère, se reproduit, vieillit et meurt. Qu'est-ce donc que l'individu humain? Une chose à faire pitié, une misérable molécule de cet immense corps, un être si chétif qu'il ne mérite pas qu'on s'occupe de lui, un être dont on ne sait pas même s'il a une vraie vie : « L'individu par lui-même n'existe pas, mais il existe seulement en tant que partie d'une société ». C'est vraiment le cas de s'écrier avec Plaute :

Homunculi, quanti sumus!

Cette exclamation est parfaitement juste, si nous considérons l'homme par rapport au cosmos, dans lequel, quant à la durée de sa vie, à l'espace qu'il occupe et au déploiement de son activité, il ne figure que comme un infusoire dans un étang ou comme un microbe dans le corps d'un animal supérieur. Mais la comparaison est foncièrement fausse, lorsqu'on envisage l'homme par rapport à cette réunion d'autres hommes qu'on appelle « la société ». Sans doute, sur la terre, nous sommes peu de chose; la terre elle-même n'est qu'une partie insignifiante du cosmos; tout dans l'espace est relatif; l'absolument grand et l'absolument petit n'existent pas dans la réalité.

Mais grands ou petits, ce qui est sûr, c'est que *nous vivons par nous-mêmes*, non pas par le contact avec les autres individus de notre espèce, et si nous recherchons ces autres individus, ce n'est que dans l'espoir de *mieux vivre*. Nous ne sentons pas notre vie dans l'agrégation, comme le corail ou l'éponge. Nous vivons dans la société, parce qu'elle nous donne le moyen de développer nos aptitudes et de nous soustraire jusqu'à un certain point à l'esclavage des forces de la nature; nous n'en voudrions plus, si cette société devait anéantir l'autonomie de notre personne.

Je ne crois pas que la société humaine ait une vraie vie [1], comme je ne crois pas que l'ait davantage

1. Spencer, en parlant de l'organisme social, dit qu'il offre des *analogies* avec celui des animaux et des plantes pour la structure et les fonctions. « Ces analogies, comme de juste, ne peuvent tomber sous les yeux ni sous aucun sens : il s'agit d'une part d'une masse naturelle continue, individuelle, et d'autre part d'un groupe naturel discontinu, comprenant des individus multiples épars sur une vaste surface. Il ne peut être question d'analogies que dans les systèmes, ou procédés d'organisation..... Naturellement, à côté de ces ressemblances se montrent de graves différences..... En voici une capitale : dans l'organisme individuel, il n'y a qu'un centre où il y ait de la conscience, où le plaisir et la peine puissent être sentis; mais, dans l'organisme social, il y a autant de ces centres que d'individus, tandis que l'ensemble n'est capable ni de plaisir ni de peine; cette différence suffit pour changer du tout au tout le but à poursuivre ». Herbert Spencer, *Essais de morale, de science et d'esthétique* : 2e partie, *Essais de politique*, traduction A. Burdeau, p. 183-184. Paris, 1879.

Au sujet de l'exagération de certains naturalistes, déjà réfutée par Gumplowicz, M. I. Vanni a observé (*Prime linee di un programma critico di sociologia*, p. 95. Pérouse, 1888) que « les organismes ne sont pas des agrégations sociales, parce que, d'abord, c'est le fait social qui manque, et ensuite les conditions

une colonie d'abeilles ou de fourmis, laquelle est pourtant chose bien différente d'une agrégation d'hommes, parce que chez celle-là c'est l'instinct de l'espèce qui prévaut et qui produit toujours une répétition identique d'actes, de façon que l'on peut exactement prévoir ce qu'il adviendra dans une fourmilière ou dans une ruche. Mais je crois que quand on parle d'organisme social et des fonctions de cet organisme, on exprime, comme fit le vieux Menenius, une simple similitude [1].

Pour prouver que l'individu ne vit pas pour lui-même, mais pour l'espèce, pour l'agrégation sociale qui est la seule réalité éternelle de la vie [2], on dit que,

essentielles de la société sont inexistantes... Les vraies sociétés offrent quelques-uns des caractères fondamentaux de l'organisation,... mais il s'agit d'une organisation *sui generis* ». Auguste Comte avait dit que les phénomènes organiques et les phénomènes sociaux sont homogènes, mais ne sont pas tout à fait identiques; déduire les lois sociologiques des lois biologiques est une chose impossible, parce que les conditions sociales modifient l'action de celles-ci; jusqu'à quel point elles la modifient, voilà précisément la chose la plus essentielle à considérer. Voir aussi Vaccaro, *Le basi del diritto dello Stato.* Turin, 1893.

1. Les membres d'une agrégation sociale — dit M. R. de Sterlich dans une très spirituelle brochure — peuvent s'en détacher et vivre pour leur compte. « Mais quant au corps humain, a-t-on jamais vu marcher un pied séparé du corps, une main se mouvoir toute seule, un cerveau isolé du crâne se souvenir et penser... ou un nez éternuer? Et ces membres épars et isolés pourraient-ils se réunir en une confédération et créer l'homme, lorsque bon leur semble? ». *Socialismo : Dalla cattedra alla piazza.* Rome, 1895.

2. Enrico Ferri, *op. cit.*, p. 70.

en dehors de la société, l'homme doit nécessairement périr : « Robinson Crusoe, l'expression réelle de l'individualisme, ne peut être qu'une légende ou un cas pathologique[1] ». Au contraire, — disons-le en passant, — il n'a été ni l'une ni l'autre. Le roman de Robinson a été emprunté à l'histoire très véritable du matelot Alexandre Selkirk, qui vécut de nombreuses années, complètement seul, dans une petite île de l'Océan Pacifique. Et l'on pourrait citer beaucoup de cas d'anachorètes et d'ermites qui n'eurent pas besoin de la compagnie de leurs semblables.

Cependant il est certain que la solitude n'est pas la condition normale de l'homme, qui est un être sociable et, comme disait Aristote, un animal politique. Mais s'il tend à la vie sociale, ou, pour le moins, à vivre dans la société embryonnaire composée de sa femme et de ses enfants, il n'a point besoin de cette agrégation humaine déterminée dans laquelle le hasard l'a rangé dès sa naissance. Et s'il ne désire pas la vie sauvage, ou la vie solitaire d'Alexandre Selkirk, cela arrive parce que cette société assure des avantages que la solitude ne pourrait jamais lui donner, et parce qu'elle ne le contrarie pas dans ses aspirations naturelles, dont la première est la liberté. Sans doute, pour jouir des avantages sociaux, il doit consentir à certaines

1. Enrico Ferri, *op. cit.*, p. 68.

restrictions de cette liberté, pourvu qu'il lui en reste assez pour que sa nature ne soit pas complètement comprimée.

En ce sens donc, les individualistes du siècle dernier ont plus raison que les socialistes contemporains. L'erreur de Rousseau a été d'imaginer un contrat social qui n'a jamais existé ni ne pouvait exister, un contrat par lequel les hommes se seraient réunis pour la première fois en société, en transigeant sur quelques-uns de leurs droits pour obtenir certains avantages communs. Cela est historiquement absurde; mais il ne l'est pas de considérer la société comme constituée par des hommes qui se soumettent à la limitation de quelques-unes de leurs facultés naturelles, en compensation de certains biens que seule la vie sociale peut assurer.

La raison d'être de l'agrégation humaine, c'est donc l'intérêt des individus. Le but du travail de ces derniers, c'est leur bonheur personnel, ce n'est pas le souci de l'agrégation, dont l'existence est seulement nécessaire pour leur assurer la jouissance paisible du fruit de leur travail.

Mais ces choses-là, dira-t-on, sont des abstractions. Le fait est que l'individu ne peut sortir de la collectivité, parce que, quelque part qu'il aille (excepté par suite d'un état de choses exceptionnel), il ne pourra manquer de faire partie d'une agrégation sociale.

Cela est vrai, — mais c'est cette agrégation elle-même qui ne peut se concevoir sous un régime contraire à la nature des individus ; car cette forme tomberait aussitôt pour faire place à une autre forme qui ne comprimerait pas nos instincts et nos tendances.

En somme, pour que la forme d'une agrégation humaine soit susceptible de durer, il faut qu'elle ne heurte pas la nature humaine. L'homme tend à la liberté ; il ne s'associe aux autres que dans son propre intérêt ; il ne peut supporter une société qui l'absorbe entièrement et dans laquelle il ne représente qu'un rouage infinitésimal d'une machine gigantesque.

Il en est ainsi du socialisme, qui signifierait — inutile de le nier — la suppression de toute liberté individuelle. Je ne veux pas répéter ici les démonstrations évidentes de cette affirmation. Il suffit de lire dans l'admirable livre d'Herbert Spencer : *Individual versus Estate* (L'individu dans ses rapports avec l'État), le chapitre intitulé la *Servitude future*, ou la plus récente brochure de cet écrivain : *De la liberté à la servitude*, pour en acquérir la conviction profonde et indestructible.

Une société avec régime collectiviste ne peut se concevoir que comme une armée de travailleurs qui devraient être occupés, au profit de la communauté, à tel ou tel genre de travail, selon les besoins de la production. Aucune espèce de liberté ne pourrait être maintenue, pas même celle du domicile. Dans ce nouveau genre de bagne, il ne serait pas possible d'avoir même le droit, consenti par les règlements de certaines maisons pénitentiaires, de choisir le genre de travail qu'on préfère. Il est donc inutile que Bebel nous parle du libre choix du travail et de la faculté de changer et alterner les occupations selon les goûts personnels. Il est clair que l'administration de l'énorme machine ne pourrait admettre qu'à un travail donné fût occupé un nombre de personnes supérieur à ce qu'il faut, et, réciproquement, que, dans d'autres ateliers, le nombre fût inférieur au minimum exigé. Aussi Eugène Richter, dans le tableau satirique qu'il trace de l'Allemagne sous un gouvernement socialiste, montre-t-il la nécessité des permutations continuelles des « employés », c'est-à-dire des ouvriers : « A Berlin s'inscrivirent plus de chasseurs qu'il n'y a de lièvres à dix lieues à la ronde. Pour contenter les quémandeurs, le gouvernement aurait dû mettre un portier à chaque porte, un garde forestier auprès de chaque arbre, et assigner un cavalier à chaque cheval. Il se présenta en outre plus de gouvernantes que de cuisinières; plus de cochers que de garçons d'écurie; des femmes de chambre et des chanteurs de café-concert en grande abondance; très peu d'infirmières; des vendeurs et des vendeuses sans nombre; de même pour les places d'inspecteurs, de contrôleurs, d'employés quelconques dans les diverses administrations; les acrobates non plus ne faisaient pas défaut. Très peu de vocations, au contraire, pour les métiers durs et difficiles de vitrier, de fumiste, pour tous les travaux où entre le feu. Et il s'est trouvé un nombre encore moindre d'*amateurs* pour.... nettoyer les cloaques[1] ».

Aujourd'hui l'ouvrier prend librement un métier difficile, dangereux ou répugnant, attiré qu'il est par le gain supérieur relativement à sa capacité. Mais, par suite de l'abolition des salaires, la loi de l'offre et de la demande étant supprimée et tous les arts étant devenus des « fonctions sociales », le citoyen serait souvent obligé à un métier qu'il déteste, comme, dans les casernes, on verse fréquemment dans la cavalerie un pauvre conscrit venu de la montagne et qui tremble en montant à cheval.

Le dégoût d'un travail qui ne pourrait être rétribué sinon à tant de l'heure et ne pourrait dépasser la durée fixée, joint à l'impossibilité pour l'ouvrier d'espérer un gain supérieur, quelles que soient la fatigue ou la difficulté du travail, serait une cause rapide de défectuosité dans la production, spécialement dans celle qui exige un labeur plus dur et

1. Eugène Richter, *op. cit.*, p. 38-39.

plus désagréable (quoique Bebel, profond connaisseur du cœur humain, s'imagine que chaque travail deviendrait agréable et charmant!) ; pour la même raison, la qualité du produit ne pourrait qu'empirer toujours. Ces choses ont déjà été démontrées par tous les économistes qui se sont donné la peine d'examiner la théorie du collectivisme.

Cette théorie a eu la chance d'être prise trop au sérieux, infiniment plus qu'elle ne le mérite. Non seulement elle n'est pas scientifique, mais elle est absolument fantastique, et, pour dire plus, grossière, vide et puérile.

Serons-nous tous ouvriers? Mais quoi! Nous serons tous mendiants! Notre activité quotidienne n'aurait pas d'autre but que de nous procurer un « bon » pour une espèce de cuisine économique! Qu'on se figure les intrigues et les fraudes en vue d'obtenir de ces bons (qui, dès le premier jour, rempliraient le rôle de l'argent), à peu de travail ou sans aucun travail! Qu'on se figure les privilèges, les exemptions, les dépenses, les certificats de feintes maladies, les bons de famille, les bons doubles, et tous les bons imaginables!

Se représenter en action ce système, cela a pourtant quelquefois un utile effet : celui d'exciter le rire, qui, disent les médecins, est chose salutaire. Et le critique, involontairement, devient humoriste.

Mais le rire, quand il est excessif, peut être nuisible, et il est prudent, en conséquence, de ne pas regarder de trop près une cité collectiviste. Certainement, on n'a jamais imaginé un système plus opposé aux tendances et aux aspirations humaines, un système qui, comme on l'a déjà dit, « porterait une si monstrueuse atteinte à la liberté humaine, qu'il nous est difficile d'imaginer quelque chose de plus brutal ou de plus odieux[1] ».

Nous savons que l'homme a été quelquefois capable d'actes de dévouement et d'héroïsme pour un noble sentiment : Dieu, le roi, la patrie, l'humanité; — et pour ces sentiments il a pu faire le sacrifice de tout ce qui lui est cher : depuis sa liberté jusqu'à sa vie.

L'homme se voue aussi parfois à une œuvre qui lui coûte un long et dur travail, mais dont il espère des compensations matérielles ou morales, honneurs, gloire, ou encore une satisfaction de sa vanité, la réalisation d'une idée, le bonheur et la reconnaissance d'une personne aimée. Mais nous n'avons jamais su que l'homme, sans être mû par aucun de ces sentiments, se soumette avec enthousiasme à un travail assidu, quotidien, humble et obscur, dans l'intérêt de tous, c'est-à-dire de personne. Il faut l'y contraindre par la force (esclavage et servitude

1. Schultze-Delitsch, *Catéchisme économique*, recueil de Boccardo, tome IX, 3e partie, p. 731.

de la glèbe). Le choix que l'homme fait d'un métier est ordinairement déterminé par ses aptitudes, par l'espérance du gain, par des conditions économiques spéciales, ou par des raisons de famille; en tout cas, par son intérêt privé ou par celui des personnes qui lui sont chères. On peut dire que le choix, en réalité, n'est pas libre, — comme on peut le dire de chaque action humaine, en ce sens qu'elle est déterminée par des motifs; mais l'homme, lui, a du moins l'illusion de sa liberté, si chère au cœur humain.

Actuellement, l'homme se résigne de bon gré à son travail quotidien, en se disant qu'il peut assurer un meilleur avenir à lui-même ou à sa propre famille. Il se soucie bien peu de l'État et des grands intérêts collectifs. Si vous lui enlevez, directement ou indirectement, la faculté d'accumuler ses épargnes et celle de les transmettre à ses enfants, si vous ne lui permettez pas de rêver qu'un jour il peut devenir propriétaire de quelque motte de terre ou d'une somme d'argent, et qu'au terme de sa carrière il pourra se reposer dans le bien-être conquis par tant d'années de sacrifices, — cet homme n'aura plus d'autre but que le gain de ce qui suffit à sa subsistance. Toute activité non nécessaire à cet effet sera donc annulée en lui.

Telle est, indéniablement, la nature humaine. L'homme veut être indépendant. Il désire en conséquence être propriétaire, parce que la propriété seule peut lui donner l'indépendance. Il ne travaille pas seulement pour son alimentation quotidienne, mais aussi pour atteindre ce but.

Je ne sais pas si la tendance naturelle de l'homme est le travail ou l'oisiveté. Ce que je sais, c'est que l'homme déteste tout ce qui est *forcé*, le travail forcé comme le repos forcé. S'il se soumet à la discipline, c'est dans l'espoir que cela ne durera pas toujours. L'homme n'aime à travailler que lorsque le travail représente pour lui un passe-temps ou une mission qu'il s'est donnée lui-même. Dans l'ordre économique actuel, qui est bien l'ordre naturel, il peut, moyennant un excès volontaire de travail, en arriver à gagner assez pour atteindre son but, qui est la complète liberté de s'occuper à son gré.

Et voilà que le socialisme prétend substituer au mobile de l'intérêt privé, ou même du caprice individuel, le sentiment du devoir, qui pousserait l'individu à faire tous ses efforts dans l'intérêt collectif!

Mais d'abord, ce devoir existe-t-il? J'en doute fort. Est-ce que chacun a le devoir de se préoccuper de l'augmentation de la production générale des blés et des marchandises? On veut que je travaille pour le plus grand bien-être de tout le monde? Mais je ne le connais pas, moi, Monsieur Tout-le-monde, je ne sais pas qui c'est. Si je fais un sacrifice, c'est parce que je pense que j'obligerai quelqu'un, et je compte aussi sur des remercîments. Mais un sacrifice pour Monsieur Tout-le-monde, je ne m'en soucie pas; si j'en parle, chacun me rira au nez. Tout cela va peut-être contre les enseignements de l'éthique la plus pure, mais ce que je dis est vrai, parce que telle est la nature humaine. Quant aux nouveaux socialistes qui se prétendent positivistes, pourquoi parlent-ils, avec le mépris que nous savons, des socialistes anciens? Quelle raison ont-ils de les appeler utopistes, si ce n'est parce que ces derniers supposaient des conditions qui n'existent pas dans le monde réel, c'est-à-dire la nature humaine perfectionnée et idéalisée? Alors, pour éviter le même reproche, les nouveaux socialistes ne devraient-ils pas prouver que, différemment de ce que faisaient les utopistes, leur plan à eux pourrait être réalisé en tenant compte des hommes tels qu'ils sont, non pas tels qu'ils devraient être?

« Pour former une société socialiste, — dit très justement M. Th. Ziegler, — il faut une nouvelle éthique sociale. Il faut que les hommes se pénètrent de cette vérité, que le sentiment du devoir n'est pas un don venu du ciel, un privilège aristocratique des nobles natures, mais un fruit de la civilisation qui doit être conquis à nouveau par chaque individu, qui émerge lentement et progressivement des vulgaires mobiles égoïstes, tels que la crainte du châtiment, la soif des honneurs extérieurs et de l'approbation publique. Et avant que ce sentiment ne s'élargisse jusqu'à embrasser toute l'humanité, il faut qu'il s'établisse d'abord solidement dans le cercle plus restreint de la vie de famille, dans nos rapports avec nos contemporains, dans la réalisation de notre tâche et de nos devoirs de chaque jour. Il faut faire naître et développer dans les cœurs le respect des parents et des maîtres, le culte des lois et de la morale (celui que les socialistes prêchent à rebours!); il faut faire appel au sentiment de l'honneur pour qu'il prête main-forte au devoir, jusqu'à ce que ce dernier soit assez fort pour rejeter tout secours étranger et pour régner seul en maître sur les hommes. C'est précisément ici que nous voyons apparaître le cercle vicieux sur lequel repose ce socialisme utopique et révolutionnaire. « Changez le monde, nous dit-il, et du même coup vous changerez aussi les hommes ». Mais le monde ne peut changer, si les hommes ne commencent d'abord par se transformer sous l'influence de ces deux facteurs idéaux : l'honneur et le devoir. Plus affreuse est la peinture que le socialisme nous fait de la société actuelle, plus il rend sa tâche impossible [1] ».

1. Th. Ziegler, *La question sociale est une question morale*, traduction française, p. 47-48. Paris, 1893.

En vérité, cet optimisme des socialistes a quelque chose de primitif; ils ont rendu des points à Jean-Jacques Rousseau.

Quand ils entonnent un hymne en l'honneur d'une forme de communisme social dans lequel chacun aura *selon ses mérites* (sans que l'on nous dise quel sera le juge du mérite et quels en seront les critiques); quand ils font des vœux pour qu'on arrive enfin à la forme la plus parfaite dans laquelle chacun aura *selon ses besoins* (et, ce qui est stupéfiant, ils disent ces choses-là sans rire), alors la secte des socialistes révolutionnaires a l'air d'une vraie Arcadie[1].

En tout temps on a extravagué au sujet d'une humanité soustraite à la dure lutte pour l'existence, et qui goûte éternellement à des sources inépuisables toutes les douceurs de la vie.

Il y a environ dix-neuf siècles, Ovide, par exemple, célébrait un âge dans lequel

> Non galeae, non ensis erat, sine militis usu,
> Mollia secura peragebant otia gentes.

1. Ce n'est rien moins que leur grand homme qui parle : « Après que se seront accrues aussi les forces productives et qu'abonderont toutes les sources de la richesse publique, on pourra alors dépasser l'étroit horizon juridique bourgeois, et la société inscrira sur ses drapeaux : A chacun selon sa capacité, à chacun selon ses besoins ! » — Karl Marx, *Zur Kritik des sozialdemokratischen Parteiprogramms.*

Et Virgile prophétisait le retour des *Saturnia regna*, dans lesquels

..... durae quercus sudadunt roscida mella,
. . . .
. . . . nec nautica pinus
Mutabit merces; omnis feret omnia tellus.

Mais, à cette époque, il n'y avait que les poètes qui se réservaient de tels sujets. Au contraire, dans notre siècle, des politiciens, déguisés en savants, nous viennent conter des sornettes peu différentes. Et ils traitent vite d'ignorants ceux qui, quoique timidement, se permettent de soulever quelques doutes. C'est ainsi que Bebel ne répond que par des injures à la dialectique pressante de Richter [1], et que certains rédacteurs énergumènes de feuilles socialistes lancent toutes sortes de grossièretés contre ceux qui ne sont pas persuadés de l'infaillibilité du pape Karl Marx. En attendant d'affranchir le peuple de la tyrannie du capitalisme, ils commencent par s'affranchir eux-mêmes de la tyrannie du raisonnement, et ils nous donnent un avant-goût des nouvelles formes de civilité que le quatrième état nous réserve.

Si les socialistes faisaient des vœux pour que l'humanité puisse, dans l'avenir, se transformer de

1. Th. Ziegler, *op. cit.*, p. 43.

façon à atteindre l'âge d'or, nous pourrions nous aussi, dans un toast à la fin du repas, nous associer de tout cœur à leurs vœux. Ah! s'il n'y avait plus de misère! — si chacun pouvait obtenir la récompense due à son honnête activité! — s'il pouvait avoir ce qui est nécessaire à la satisfaction de tous ses besoins (qu'on lise au contraire « désirs »)! — rien de meilleur que tout cela.

On pourrait également s'exclamer : Ah! s'il n'y avait plus de maladies! — si l'homme restait éternellement vigoureux et jeune! — Qui ne désirerait cela? Et qui ne désirerait, pareillement, la fin des iniquités qui rendent le monde si triste? Mais n'est-il pas puéril de penser qu'une révolution soit un remède aux misères humaines?

Et n'est-il pas absurde de représenter, comme le paradis auquel l'homme doit aspirer, un état de choses dans lequel lui serait enlevé le premier des biens de la vie, la liberté?

V

Les nouveaux socialistes, parmi lesquels M. Enrico Ferri, ont fait un effort désespéré pour rattacher leur doctrine à la théorie de Darwin sur la lutte pour l'existence.

L'opposition entre cette idée et celle des socialistes est si évidente, qu'une tentative de ce genre paraît vraiment extraordinaire.

Comme l'avait très bien dit Haeckel au congrès de Monaco en 1877 : « Si l'on veut attribuer une tendance politique à cette doctrine anglaise (la lutte pour l'existence), cette tendance ne pourrait être qu'aristocratique, jamais démocratique, et encore moins socialiste[1] ».

Cette affirmation est tellement claire, qu'elle n'a pas besoin de démonstration. Pour la combattre, M. Ferri part de ce point, que la lutte pour l'existence, avec la sélection des meilleurs ou des plus capables, s'atténue progressivement dans le passage du règne végétal au règne animal; en ce dernier, dans le passage des espèces inférieures aux espèces supérieures; et enfin, dans l'humanité, des races sauvages aux races civilisées.

« C'est, dit-il, une loi inséparable de la vie, et, partant, de l'humanité; mais, tout en restant une loi immanente et assidue, elle se transforme peu à peu dans son contenu et s'atténue dans ses formes[2] ».

En ce qui concerne l'atténuation des formes de cette lutte, on peut être complètement d'accord avec M. Ferri.

1. J'emprunte cette citation à l'opuscule même de M. Enrico Ferri, p. 17.
2. Enrico Ferri, *op. cit.*, p. 39.

Il n'en est pas de même en ce qui concerne la transformation du contenu.

M. Ferri soutient que, dans une phase avancée de l'humanité, on ne devra plus lutter pour la nourriture quotidienne ou pour la possession de la femme, comme dans la période primitive; et il observe que, dans l'histoire, l'homme a combattu d'abord pour l'égalité civile, plus tard pour l'égalité religieuse, ensuite pour l'égalité politique, et qu'aujourd'hui il combat pour l'égalité économique[1].

Cela n'est point exact. Avant tout, ces périodes si bien distinctes ne s'observent pas toujours dans l'histoire des différents peuples, dont quelques-uns eurent, *dès le début*, l'égalité politique, civile, économique, et les perdirent plus tard; en second lieu, s'il est vrai que la civilisation progressive, en faisant naître de nouveaux besoins, a étendu la lutte à des objets différents de la nourriture et de la femme, cela ne veut pas dire qu'elle ait aboli, ou qu'elle doive abolir dans l'avenir, la lutte pour ces objets.

L'atténuation de la brutalité de la lutte, qui, parmi les sauvages et peut-être parmi les hommes primitifs, de même que parmi les enfants non encore soumis à l'éducation, s'exerçait et s'exerce par la violence musculaire, et plus tard par l'adresse ou

1. Enrico Ferri, *op. cit.*, p. 39, 40.

par l'esprit, sans que la personnalité humaine en soit lésée, — cette atténuation n'a rien de commun avec le but pour lequel on combat.

M. Ferri entasse ensemble des choses qui n'ont aucun lien entre elles; quelques-unes de ces choses sont vraies, ce qui fait qu'au premier abord ses arguments paraissent pleins de justesse.

Mais la vérité, la voici. Aux débuts de l'humanité, le plus fort enlève par la violence au plus faible le fruit de ses labeurs; dans l'humanité avancée, le plus fort, devenu le plus habile, produit mieux que le plus faible, devenu le moins capable, et retire de là un fruit supérieur. Voilà la concurrence commerciale et intellectuelle; c'est la forme de la lutte pour l'existence dans les sociétés civilisées. Ainsi, en ce qui concerne la femme, celle-ci appartient de tout temps à qui sait la conquérir. Toute la différence, c'est que, parmi les sauvages et dans les couches les plus basses des populations, la conquête se fait par la violence, ou bien la femme choisit l'homme le plus vigoureux, tandis que, quand la civilisation s'accroît, la violence disparaît, et la femme se laisse volontiers conquérir par le plus intelligent ou le plus affectueux.

D'autre part, à la sélection de ceux qui, successivement, sont les plus forts physiquement et les plus forts intellectuellement et moralement, ne correspond plus la mort des incapables. Ceux-ci vivent moins bien que les autres, dans une condition d'infériorité et de dépendance, mais ils ne périssent pas comme aux premiers temps de l'humanité.

Tel est à mes yeux le vrai processus d'atténuation de la lutte pour l'existence : la transformation de la lutte violente en concurrence[1].

Ce que M. Ferri nomme « transformation du contenu de la lutte », n'est qu'un produit de son imagination. La lutte s'est étendue, cela est vrai, parce que, pour beaucoup d'individus, elle n'est plus limitée à la nourriture et à la femme, mais elle tend aussi à l'acquisition des richesses, des honneurs, à l'influence sociale et politique, à la primauté dans les arts, etc. Mais la nourriture et la femme continuent à être aujourd'hui, comme aux débuts, les objets pour lesquels on lutte principalement et universellement, parce que — comme le dit Ferri lui-même — la faim et l'amour sont les deux besoins fondamentaux de la vie.

Toute la question se résume donc en ceci : la loi de Darwin est-elle conciliable avec une doctrine qui voudrait assurer à tous les hommes l'existence matérielle, de façon qu'ils n'aient plus à s'en préoccuper? Mais ici M. Ferri observe que même sous le

1. Voir sur ce point Vaccaro, *La lutte pour l'existence et ses effets dans l'humanité*, p. 36, traduction française. Paris, 1892.

régime socialiste — quoique en proportions infiniment moindres (et pourquoi?) — il y aura toujours des débiles, des vaincus de la lutte pour l'existence, sous forme de malades, de fous, de névrosés, de criminels, de suicides.

A ce point-ci, j'avoue ne pouvoir plus suivre l'idée de l'auteur. Certes, il n'entend pas qu'à ces malades et à ces fous ne doive pas être assurée l'existence, parce qu'alors le socialisme serait mille fois plus dur et plus injuste que l'individualisme actuel, qui fait une exception à ses principes précisément en faveur de ceux qui, par infirmité ou débilité physique, ne sont pas en état de pourvoir à leur propre subsistance.

Veut-il dire peut-être que ces malades et ces fous ne pourront pas tenir leur place dans les luttes intellectuelles et artistiques, les seules qui devront exister dans une société collectiviste? Mais était-il nécessaire de le dire [1]?

Que cela suffise. Les socialistes, si « savants » qu'ils soient, ne peuvent faire l'impossible. Ils ne pourront jamais concilier la théorie de la lutte pour l'existence avec une théorie qui exclut la lutte pour l'existence matérielle, laquelle serait, miraculeusement, assurée à tous. Lorsqu'ils tentent cette conciliation impossible, ils ne font que rendre plus visible

1. Voir à ce sujet un important article de M. Guido Martinelli dans l'*Idea liberale* du 19 août 1894.

le désaccord, parce qu'ils enlèvent à la loi de Darwin son caractère de généralité, et la détruisent précisément en ce qu'elle a de fondamental [1].

VI

Dans les paragraphes qui précèdent, je crois avoir dit tout ce qu'il est nécessaire pour montrer que le socialisme, loin d'être une dérivation de la science positive contemporaine, est plutôt aux antipodes de celle-ci.

Les nouveaux socialistes n'ont aucun droit de parler au nom du positivisme. Il est un homme qui, plus que tout autre, a ce droit, et cet homme s'appelle Herbert Spencer, l'adversaire le plus décidé, le critique le plus impitoyable de la théorie collectiviste (Voir l'appendice à la fin du volume).

Au demeurant, par le mot positivisme, indépendamment du naturalisme de Darwin, on entend — et avant tout — la méthode expérimentale appliquée aux faits sociaux.

Or, ce n'est pas une méthode expérimentale, celle

1. Émile de Laveleye ne peut s'expliquer « par quel étrange aveuglement les socialistes adoptent les théories darwiniennes ». *Le socialisme contemporain*, p. XIX. L'opposition entre les deux théories est telle, que, dans une excellente monographie, M. Luca Savarese conseille l'étude des premières comme antidote contre le second.

que suivent les socialistes, lesquels n'ont cure des données de l'histoire, c'est-à-dire précisément des expériences déjà faites par l'humanité, expériences qui devraient être leurs points d'appui, afin que l'on puisse ainsi induire de faits bien constatés, et non de leurs seules imaginations, la possibilité de la réalisation de leur idéal. Au contraire, le mépris affiché par les socialistes pour l'histoire, est vraiment incroyable.

Par exemple, ils ne disent pas un mot du complet insuccès qu'eut le collectivisme en Chine au XIe siècle, fait bien connu et dont nous nous occuperons plus loin (Voir chap. II, § 2).

Ils oublient complètement que les lois attribuées à Lycurgue, lesquelles, très probablement, n'étaient que les coutumes primitives des Doriens, disparurent quand Sparte commença à devenir plus civilisée, et qu'il fut impossible de les rétablir d'une façon durable, malgré la violence employée à cet effet par quelques législateurs. Ils ne rappellent pas non plus les lois nettement socialistes de 1793 et de 1848 en France, qui, celles-là, ruinèrent presque le pays, tandis que celles-ci firent un naufrage ridicule.

Tout cela n'existe pas pour nos adversaires. Quand l'histoire contrarie leurs utopies, ils la mettent de côté, avec beaucoup de désinvolture. Pourquoi se préoccuper de si peu de chose? Est-ce que les ouvriers et les paysans, au milieu desquels ils vont prêcher leur évangile, la connaissent, l'histoire? Ce qui leur fait de l'effet, aux ouvriers et aux paysans, ce sont des arguments comme celui-ci : « La lumière, l'air, la mer sont communs à tous les hommes, parce que ce sont des biens naturels; — il en est de même de la terre : pourquoi doit-elle appartenir à quelques hommes seulement? »

Et, sur ce, on décampe, au milieu des applaudissements, avant qu'une minute de réflexion fasse comprendre que l'on a comparé des choses hétérogènes, et qu'à un argument pareil on pourrait opposer cette réplique : « La lumière, l'air et la mer n'ont pas été partagés, apparemment parce qu'ils ne sont pas susceptibles de partage ». Et une autre brève réflexion pourrait suggérer également cette réponse : « La lumière, l'air et la mer se prodiguent gratuitement et inépuisablement à chacun, tandis que les bénéfices de la terre sont limités et ne peuvent s'obtenir que par l'effet des longs et incessants efforts du cultivateur ».

Mais quand, en sortant du *meeting*, les socialistes veulent discuter avec nous sur le terrain de la science positive, et répondent à chacune de nos paroles : « Étudiez nos auteurs! »; et quand nous voyons que ces auteurs laissent de côté jusqu'à la grande loi de l'évolution, pour en inventer une, fort commode à leur gré, celle d'*évolution à rebours*, par laquelle ils veulent ramener l'humanité juste dans la situation où elle se trouvait à ses débuts, pour que le *cycle* ou *grand rythme* soit ainsi complété, nous avons le droit de nous écrier : Mais quelle science est-ce là ? La science expérimentale ne peut prendre tout cela au sérieux ! Vos fantasmagories ne peuvent être exposées que dans des romans, comme l'ont fait vos prédécesseurs, que vous méprisez si injustement [1]. On ne peut les combattre que par la caricature, ainsi que l'a fait Eugène Richter. Nous allons donc abandonner ce terrain de la science, sur lequel le combat commence à nous paraître dépourvu de générosité, parce que, véritablement, il ne vous est pas propice. Mais voyons si au moins il y a cohérence entre vos idées et vos méthodes de propagande et de lutte.

1. « Les socialistes auraient mieux fait de ne pas sortir du domaine du sentiment. En s'aventurant dans celui de la science, *ils ont beaucoup peiné pour rien* ». M. P. Leroy-Beaulieu, *op. cit.*, p. 375.

CHAPITRE II

LA LOGIQUE DU SOCIALISME

I. — La lutte de classes. — Elle ne peut que retarder l'accumulation capitaliste, qui devrait au contraire être favorisée, pour préparer le passage au collectivisme.

II. — Contradiction politique des socialistes. — Idées puériles de Bebel. — L'abolition de l'État. — L'abolition du code pénal. — La misère et la criminalité. — Le collectivisme ne pourrait être essayé que par un État très fort. — Exemples historiques. — Contradiction des socialistes, qui se disent en même temps évolutionnistes et révolutionnaires.

III. — Autres contradictions. — La justice invoquée à l'appui de la plus grande des injustices.

I

Le lecteur qui m'a suivi jusqu'ici est peut-être persuadé à présent que le socialisme ne peut obtenir le suffrage de la science, et que la récente tentative de M. Enrico Ferri pour rattacher le communisme des collectivistes à la théorie de l'évolution et à celle de la lutte pour l'existence, a complètement échoué.

Aussi les socialistes, forcés dans leurs derniers retranchements, pourraient-ils renoncer à soutenir des choses si évidemment absurdes : à parler au nom de l'évolution, en reniant le progrès social, pour ramener la société à un type inférieur de vie déjà dépassé; et à vouloir concilier la loi de la lutte pour l'existence avec le principe que la société doit assurer à l'homme la satisfaction de ses besoins.

Ceux d'entre les socialistes qui n'ont pas de velléités scientifiques, pourraient répondre, comme ils avaient déjà répondu avant qu'ait été essayée l'impossible conciliation :

— « Peu nous importe, en fin de compte, Darwin et Spencer! Ces écrivains sont-ils donc infaillibles? Et l'un des plus grands penseurs de l'antiquité, Aristote, n'eut-il pas tort, quand il soutint que l'esclavage était une institution nécessaire? Nous croyons que le collectivisme est plus humain et plus juste que l'individualisme, et que la société humaine doit se transformer de façon à pouvoir réaliser cet idéal; mais nous ne nous soucions pas de voir si l'accord est possible avec ce que les sociologues ont enseigné jusqu'ici, et qu'ils pourraient ne plus enseigner demain[1] ».

1. « Tout d'abord on voulait concilier les idéals des utopistes avec les résultats de la science; mais quand le mariage hybride entre deux êtres d'espèce différente apparut impossible, le socialisme révolutionnaire a dit : La science est contre nous? Eh bien! passons-nous-en. Les récents congrès socialistes, comme les récents livres socialistes, ne font que parler avec dédain de la science bourgeoise et de la science universitaire ». Nitti, *Il socialismo cattolico*, p. 355. Turin, 1891.

Soit. Jetons donc bas le pompeux appareil de la science, et parlons seulement au nom de la logique.

Quand j'étais écolier, on m'annonça un jour que le temps était venu pour moi de commencer l'étude de la « logique ». La nouvelle me fit sourire, car il me semblait étrange de devoir apprendre les règles du raisonnement, que je croyais déjà posséder, comme tout autre mortel. Les hommes, pensais-je, ont toujours raisonné, avant que quelqu'un ait eu l'idée d'établir les règles à l'aide desquelles on raisonne.

Je me suis maintenant détrompé. Je comprends à présent que l'étude de la logique est très utile, ne serait-ce que pour distinguer à première vue les faussaires qui emploient ingénieusement la pétition de principe ou le cercle vicieux. Nous avons vu quel usage a fait Karl Marx de ces deux expédients, et comment, grâce à eux, il a été considéré comme un éminent penseur. Mais outre les faussaires de la logique, il y a ceux qui sont, avec elle, en révolte ouverte, et c'est de ces derniers que nous allons nous occuper. La lutte ici ne sera pas pénible, parce qu'il ne s'agira pas de convaincre nos adversaires de sophisme; il s'agira seulement de les surprendre en flagrant délit de contradiction.

Examinons donc si les méthodes des socialistes conduisent au but, ou ne conduisent pas, au contraire, à une fin opposée à leurs aspirations.

Les socialistes font tous leurs efforts pour préparer la lutte des classes, ce qui veut dire la lutte des travailleurs contre les propriétaires, parce que les différentes classes sociales sont ramenées par eux à ces deux types très simples. Classification plus inexacte ne pouvait toutefois s'imaginer, parce que, parmi les travailleurs, il y a beaucoup de propriétaires, et réciproquement. C'est en vain que M. Ferri a tenté de préciser les frontières des deux classes, en distinguant les travailleurs à quelque catégorie qu'ils appartiennent, des propriétaires qui ne travaillent pas[1]. Et ceux qui, sans être propriétaires, ne travaillent pas parce qu'ils ne le peuvent pas, ou ne le veulent pas, ou parce qu'ils vivent aux dépens d'autrui, dans laquelle de ces deux catégories les inscrira-t-on? Et les propriétaires qui travaillent, où seront-ils placés? Parmi les travailleurs de n'importe quelle catégorie? Mais, en ce cas, ils devraient prendre part à la lutte contre eux-mêmes? Cela n'est pas sérieux. Pour que toutes les classes sociales, qui sont très nombreuses, puissent se réduire à deux seuls types économiques, il n'y a pas d'autre moyen que de mettre de côté l'élément du travail et de distinguer les propriétaires des prolétaires, distinction déjà faite à l'époque de la Révolution française, et qui du moins répond à la réalité des choses.

1. Enrico Ferri, *op. cit.*, p. 163.

Mais ces deux types économiques peuvent-ils former deux classes sociales? C'est là une autre question. Est-il possible que les classes sociales soient distinguées par un seul élément d'ordre économique, lequel, le plus souvent, est essentiellement transitoire? En réalité, cette condition de choses, la possession ou la non-possession, n'a dans la société contemporaine rien de stable de sa nature. La fluctuation est continuelle : ouvriers qui sont en train de devenir chefs d'atelier ou actionnaires d'une compagnie, ou paysans qui s'acheminent vers l'achat d'un petit bien, et, réciproquement, propriétaires qui retombent dans la misère. S'il arrive que ces derniers soient souvent bien disposés au socialisme, quand, par instinct, ils n'y répugnent pas, les premiers, par contre, n'aimeront pas à faire la guerre à la propriété qu'ils espèrent acquérir sous peu, et qui a été leur but d'activité. Certainement, dans aucune de ces deux classes, on n'est séparé par des barrières infranchissables.

En France, sur huit chefs d'ateliers associés à l'industrie, il y en a cinq qui ont été de simples ouvriers. Et que dirons-nous de l'Amérique?

« Pour ces novateurs fanatiques d'imitation, pour ces voyants atteints de cécité, notre société est séparée en classes distinctes : la noblesse, le clergé, la bourgeoisie, comme à l'époque où l'on rédigeait les cahiers des États généraux, et chacune des classes est armée de privilèges à l'aide desquels elle opprime le peuple. A voir la réalité des choses, il n'en est pas tout à fait ainsi. Les privilèges de la noblesse consistent à se jeter dans l'industrie pour subsister : il y a des ducs et des comtes qui sont marchands de vin; les privilèges du clergé lui permettent de porter des soutanes trouées au coude, d'être insulté sans répondre, de ramasser, d'élever, d'instruire les enfants de ceux qui l'ont fusillé et qu'il a bénis avant de mourir; le privilège de la bourgeoisie est de sortir du peuple par l'intelligence, le travail, la probité, l'épargne, et d'y rentrer par l'ignorance, la fainéantise, l'ivrognerie et la prodigalité. Des privilèges du peuple on ne parle pas; ce sont cependant ceux qui appartiennent au premier comme au dernier des citoyens français, de voir toute carrière, toute grandeur ouverte devant soi; plus d'un de nos généraux de division est parti le fusil sur l'épaule et la giberne au flanc... Si je feuilletais les annuaires de l'Institut, de l'Assemblée nationale, du Sénat, des grandes administrations, que d'hommes illustres et respectés n'y trouverais-je pas qui ont couru pieds nus au temps de leur enfance, et qui ont péniblement gagné le pain des premières années! Dans l'industrie, dans le commerce, quel est le travailleur sérieux qui osera dire qu'il n'a pas réussi? Un ancien ouvrier devenu patron et actuellement maire d'un arrondissement de Paris, a écrit :

« Depuis plus de vingt ans que nous vivons au milieu de la classe laborieuse, nous avons remarqué que tous les *bons* ouvriers qui se sont établis sont arrivés à un bon résultat ».

« Les privilèges que le Quart-État doit renverser n'existent que dans l'imagination des révolutionnaires. On en parle, on en fait grand bruit; mais lorsqu'on les cherchera, on ne pourra les découvrir[1] ».

En attendant, les socialistes préparent l'union des prolétaires du monde entier. Et qu'il s'agisse ou non de véritables classes sociales, la question, de cette façon, se trouve bien simplifiée. L'union des éléments les plus pauvres est aussi celle des éléments les plus nombreux de l'humanité; elle signifie donc la force; et avec la force on vaincra. De quelle manière? Les socialistes disent hypocritement qu'ils espèrent en une transformation sociale pacifique, qui pourra, en vue de triompher des dernières résistances, être accélérée par une révolution générale; ils distinguent en un mot avec beaucoup de soin cette révolution à eux, qui se fera quand les temps seront mûrs et en pleine certitude de succès, de toute révolte partielle et intempestive qui serait plus nuisible qu'utile.

Il est clair qu'une transformation sociale, pour

1. Maxime du Camp, *Les convulsions de Paris*, tome IV, p. 322-323.

être pacifique et durable, ne peut être que graduelle. Voici de quelle façon les socialistes croient qu'elle peut s'accomplir.

Les accumulations de capital en peu de mains — disent-ils — vont toujours croissant. Le mot *milliardaire* était inconnu jusque dans ces derniers temps; aujourd'hui au contraire il existe déjà plusieurs milliardaires, et il y en aura davantage à l'avenir. La richesse publique se trouve ainsi en grande partie — et ce sera pire encore dans un prochain avenir — accaparée par un petit nombre d'individus.

« Les coryphées du socialisme, dit Schaeffle, savent très bien que le système actuel de production devrait déjà avoir développé ses extrêmes conséquences pratiques, c'est-à-dire réalisé la complète absorption de la petite propriété et terminé presque entièrement le procès plutocratique, en divisant le peuple en une masse de prolétaires d'une part, et en un petit nombre d'archi-riches de l'autre, pour que les masses, et surtout les populations rurales et la petite bourgeoisie, puissent et veuillent accepter le principe du collectivisme[1] ».

La grande accumulation du capital est donc considérée par les socialistes comme le pont qui mène au régime collectiviste.

1. A. E. Schaeffle, *La quintessence du socialisme*, p. 17.

Pour qu'il n'y ait pas de doute à ce sujet, citons le grand-prêtre du nouveau socialisme soi-disant scientifique :

« Dès que ce procès de transformation a décomposé suffisamment et de fond en comble la vieille société, que les producteurs sont changés en prolétaires et leurs conditions de travail en capital, qu'enfin le régime capitaliste se soutient par la seule force économique des choses, alors la socialisation ultérieure du travail, ainsi que la métamorphose progressive du sol et des autres moyens de production en instruments socialement exploités, communs en un mot, l'élimination ultérieure des propriétés privées va revêtir une nouvelle forme. Ce qui est maintenant à exproprier, ce n'est plus le travailleur indépendant, mais le capitaliste, le chef d'une armée ou d'une escouade de salariés. Cette expropriation s'accomplit par le jeu des lois immanentes de la production capitaliste, lesquelles aboutissent à la concentration des capitaux... A mesure que diminue le nombre des potentats du capital qui usurpent et monopolisent tous les avantages de cette période d'évolution sociale, s'accroît la misère, l'oppression, l'esclavage, la dégradation, l'exploitation, mais aussi la résistance de la classe ouvrière sans cesse grossissante et de plus en plus disciplinée, unie et organisée par le mécanisme même de la production capitaliste... La socialisation du travail et la centralisation de ses ressorts matériels arrivent à un point où elles ne peuvent plus tenir dans leur enveloppe capitaliste. Cette enveloppe se brise en éclats. L'heure de la propriété capitaliste a sonné. Les expropriateurs sont à leur tour expropriés... Pour transformer la propriété privée et morcelée, objet du travail individuel, en propriété capitaliste, il a naturellement fallu plus de temps, d'efforts et de peines, que n'en exigera la métamorphose en propriété sociale de la propriété capitaliste, qui de fait repose déjà sur un mode de production collectif. Là il s'agissait de l'expropriation de la masse par quelques usurpateurs; ici il s'agit de l'expropriation de quelques usurpateurs par la masse[1] ».

Notons en passant que, de ces paroles du grand économiste du socialisme, on pourrait logiquement conclure seulement ceci (étant donnée la constance du phénomène d'une concentration progressive des capitaux), que, dans l'avenir, toute la richesse publique sera possédée par un très petit nombre d'individus; mais voilà que, par un étrange phénomène optique, cet avenir, tout à coup, se change en présent; et c'est de telles équivoques chronologiques que profite le socialisme révolutionnaire pour se mettre à l'œuvre.

Une erreur assez grave consiste aussi à s'ima-

1. Karl Marx, *Le Capital*, chap. XXXII : Tendance historique de l'accumulation capitaliste, édition française citée, p. 342.

giner que le système capitaliste a surgi de nos jours, comme s'il n'avait pas existé à toutes les époques et dans tous les pays adonnés au commerce. Rome n'avait-elle pas les sociétés de publicains, véritables sociétés par actions (*particulae*)? N'y eut-il pas là d'énormes accumulations de capitaux en un petit nombre de mains, et, dans toute l'Italie, d'immenses *latifundia*? Et, au moyen âge, Gênes, Venise, Florence, les villes hanséatiques, n'eurent-elles pas leurs grands banquiers? Les socialistes attribuent à la machine à vapeur la formation du capitalisme contemporain [1], comme si, aux siècles passés, il n'y avait pas eu de grandes entreprises industrielles, avec les machines que l'on possédait alors!

Mais ce que je tiens le plus à établir, c'est ceci : la doctrine socialiste entrevoit comme probable et facile la transformation de la propriété privée en propriété collective, quand la richesse publique se trouvera absorbée par un très petit nombre d'individus. Alors, dit-elle, il n'y aura autre chose à faire qu'à substituer la collectivité à ce très petit nombre de grands capitalistes; la société agira à leur égard comme ils avaient agi à l'égard des petits propriétaires [2]. Le passage au collectivisme s'opérera pré-

1. « Ah! le jour où, au lieu de l'outil individuel, possédé, manié individuellement, est apparue la machine à vapeur, ce jour-là la propriété individuelle a disparu ». Jules Guesde.

2. Voir aussi Th. Ziegler, *op. cit.*, p. 31-32, et Bellamy, *Looking backward*.

cisément par l'effet de la grande accumulation capitaliste. L'abus de la propriété individuelle creuse à celle-ci sa tombe.

S'ils étaient logiques, les socialistes devraient donc favoriser cette accumulation, qui, pour l'instant, est bien loin d'avoir atteint son point culminant. Comme l'a dit le député français Paul Deschanel, on a l'habitude de confondre deux phénomènes très différents : d'une part, la concentration des capitaux; de l'autre, l'accroissement de la richesse individuelle. « Du fait que les capitaux s'associent, il ne résulte pas qu'ils s'accumulent dans les mêmes mains [1] ». En France, en maintes régions d'Italie et dans d'autres pays, le sol est divisé en une infinité de petites propriétés; on calcule qu'en Italie les propriétaires du sol atteignent le chiffre de plus de trois millions; en France, ils s'élèvent à huit millions. Que dirons-nous ensuite du nombre immense de possesseurs d'actions ou de livrets de caisses d'épargne [2]? Et les socialistes

1. Voir la discussion sur le collectivisme, séance du 20 novembre 1894 de la Chambre des députés, dans le *Journal officiel* du 21 du même mois.

2. En France, à la fin de 1889, il y avait sur le Grand Livre cinq millions d'inscriptions pour 856 000 000 de rente. Les livrets de caisse d'épargne y sont aujourd'hui au nombre de sept millions, avec une moyenne de 500 francs pour chacun. Au 1er janvier 1894, les 182 500 actions de la Banque de France étaient réparties entre 28 290 actionnaires; on a calculé que le plus grand nombre de ceux-ci ne possède que de 4000 à 20 000 francs.

savent-ils qu'en Angleterre les « millionnaires de sterlings », additionnés ensemble, ne représentent que la vingtième partie de la richesse britannique, et que les « millionnaires de shellings », tous comptés, n'en représentent que la douzième partie? Savent-ils que, en France, les grandes fortunes n'arrivent pas à former la dixième partie du capital national? — que, en Russie, en additionnant tous ceux qui possèdent plus de 7500 livres de rente, on n'atteint même pas la dixième partie des rentes du pays entier [1]? — et qu'enfin, en Amérique, le pays du milliardaire, les familles qui possèdent plus de deux millions et demi de dollars sont au nombre de vingt mille, parmi lesquelles il y en a sept mille qui ont plus de cinq millions, tandis que la richesse publique est évaluée au chiffre de 300 milliards de dollars [2]?

On voit donc combien on est éloigné de la concentration de toute la richesse publique en peu de mains, dont il serait si facile d'arracher les portefeuilles contenant les centaines de milliards!

Ce temps-là ne viendra pas si vite. Et quand même aucun obstacle ne s'opposerait à l'accumulation, quand même la grande industrie s'avancerait triomphante et sans arrêt de conquête en

1. A. Leroy-Beaulieu, *Le règne de l'argent*. *Revue des Deux Mondes*, 1er juin 1894, p. 541.

2. Voir le journal *Le Gaulois* du 8 mai 1894.

conquête, ni nos petits-fils ni nos arrière-petits-fils n'assisteront à la concentration totale des capitaux.

Mais ce temps qu'ils s'imaginent voir venir, les socialistes ne devraient-ils pas le hâter de leurs vœux les plus ardents, et s'abstenir de tout acte quelconque de nature à retarder l'accumulation? Eh bien! ils ne font, au contraire, que lui créer des obstacles de toute sorte. La lutte pour la réduction des heures de travail, les grèves organisées ou, tout au moins, encouragées par eux, et qui sont suivies parfois d'incendies (comme ceux survenus récemment dans les ateliers Pullmann, à Chicago), le simple fait des lois ouvrières et d'une agitation continuelle qui a pour résultat de diminuer la sécurité du capital, — tout cela ne favorise certainement pas le progrès de l'accumulation [1].

1. Enrico Ferri désire que les travailleurs conquièrent les pouvoirs publics, pour arracher à la classe capitaliste des « concessions partielles, mais toujours plus étendues (exemple éloquent : la loi des huit heures), et ensuite la transformation intégrale de la propriété individuelle en propriété sociale ». Seulement il dit que ceci sera l'effet, par évolution fatale, de l'organisation politique des travailleurs. Mais, évidemment, « évolution fatale » n'a pas d'autre sens ici que « force du nombre »! Dans l'article par lequel il a répliqué à mon livre, M. Ferri essaie de défendre le socialisme « scientifique » et révolutionnaire contre l'accusation de contradiction que je lui ai adressée. Mais c'est une impasse, et M. Ferri n'a pu que passer à côté. Au lieu d'une réponse catégorique, il retombe dans les généralités. Voir *Rivista di Sociologia*, p. 249-250, fasc. IV, Palerme, 1895.

Le socialiste donc, tout en voyant la voie qui devrait être parcourue, tourne les épaules au but et chemine dans le sens opposé. Pour être logique, il devrait seconder, non pas entraver l'accumulation capitaliste, qu'il contrarie et retarde, au contraire, de toutes ses forces.

Mais si la révolution ne doit éclater que dans la dernière phase de l'accumulation capitaliste, dont nous sommes encore infiniment éloignés, que signifie aujourd'hui un parti socialiste révolutionnaire [1]? Je déclare sur mon honneur ne pas comprendre comment un socialiste de bonne foi peut aujourd'hui être révolutionnaire. Et je serais sincèrement reconnaissant à qui voudrait m'expliquer la signification de ce qui est pour moi une énigme, tant il y a de contradiction entre la théorie et la méthode des socialistes.

II

Un autre point sur lequel les méthodes des socialistes manquent complètement de logique, c'est leur attitude politique. Le parti socialiste est, dans n'im-

1. « De quelque façon que le socialisme voie la chose, le défaut radical de sa théorie est toujours la contradiction ; ce qui fait que les voies et moyens ne s'adaptent pas et répugnent plutôt à ses fins et à son but ». Icilio Vanni, *La funzione pratica della filosofia del diritto*, p. 53.

porte quel État, un parti subversif; il s'efforce par tous les moyens de rendre impopulaire et odieux n'importe quel gouvernement; il favorise toujours les mouvements ouvriers, tandis que, par une active et continuelle propagande, il entretient le mécontentement dans les classes infimes du peuple.

« Les agitateurs, dit Schaeffle, atteignent pour l'instant leur but le plus proche, en organisant les masses en parti, en propageant aussi parmi elles la tendance au bien-être matériel, en mettant à nu les fraudes des spéculations et les scandales des banqueroutiers, en secouant et en abattant toute autorité traditionnelle (comme il advient dans les luttes entre l'État et l'Église, où le socialisme est manifestement le véritable *tertius gaudens*); enfin, en tirant avantage de chaque concentration de l'État, des moyens de communication, de l'imprimerie, pour faire avancer la propagande socialiste [1] ».

« Notre but — déclare le *Programme du parti ouvrier* dirigé par MM. Guesde et P. Lafargue — est de fournir à tous ceux qui combattent dans le parti un arsenal pour leur lutte quotidienne contre l'ordre social ».

Le socialisme, porté à ses dernières limites, se heurte à cette exagération insensée de l'individua-

1. A. E. Schaeffle, *op. cit.*, p. 24.

lisme, qui est l'anarchie, — ce qui confirme une fois de plus le dicton populaire, que les extrêmes se touchent.

Les socialistes rongent en effet les fondements de l'État, parce que celui-ci, selon eux, représente une classe, non pas le peuple. Ils ne veulent pas qu'il y ait de gouvernement, et ils combattent en conséquence tous les pouvoirs publics, tout ce qui a autorité morale et matérielle.

Pour que l'on ne croie pas que j'exagère, voici les paroles précises de Bebel, le chef reconnu du parti socialiste allemand :

« L'État est l'organisation nécessaire d'un ordre social fondé sur la domination d'une classe sur l'autre. Au moment où l'abolition de la propriété privée fait cesser les luttes de classes, l'État perd non seulement le droit à l'existence, mais aussi la possibilité de l'existence. L'État signifie seulement l'organisation du pouvoir pour le maintien des anciennes relations de propriété et de socialité.

« Avec l'État disparaîtront aussi tous les représentants de celui-ci : ministres, parlements, armée permanente, police et gendarmes, tribunaux et procureurs, gardiens de prison, employés d'octroi et douaniers, en un mot tout l'appareil politique [1] ».

1. Voir l'opuscule intitulé *Bebel und sein Evangelium : social-politische Studie*, par C.-A. Ley, troisième édition, p. 71-74. Düsseldorf.

Maintenant, je pourrais adresser à Bebel cette simple observation, qui s'impose spontanément à toute personne de bon sens :

Ce que l'on pourra abolir, ce seront les noms, rien que les noms, — pour qui trouve goût à ces changements; mais il est clair que le nouvel organisme social aura besoin de ses fonctionnaires comme le présent, — et bien plus que le présent, — pour l'administration de toutes les industries, pour la direction de l'activité générale des citoyens, et pour la répartition de tous les produits.

Mais cette discussion serait du temps perdu, tellement je trouve puérile cette idée de Bebel, un *self-made man*, comme on l'appelle, mais qui, en fabriquant sa propre cervelle, y a certainement laissé beaucoup de lacunes.

Bebel est tout à fait un visionnaire, en disant qu'il n'y aura pas besoin de force publique, ni de tribunaux, ni de prisons, parce qu'il n'y aura pas de contrevenants aux lois. « Les voleurs — dit-il — ont disparu, parce que la propriété privée a disparu (Et les bons de travail, et les objets appartenant à l'administration, et le mobilier, et les vêtements, et les vivres, est-ce que tout cela ne peut pas se voler?). Il n'y a plus de vagabonds, parce que ceux-ci sont le produit de la société fondée sur la propriété privée, et qu'ils cesseront avec elle. L'homicide? Quelle cause pourrait-il avoir? Nul ne pourrait s'enrichir au delà d'un autre, et l'homicide par haine ou vengeance dépend toujours directement ou indirectement du présent état social », etc.[1].

Quand on lit ces lamentables sottises, on est pris du désir de rompre immédiatement toute discussion sur le socialisme, parce qu'on se demande s'il est possible de dire de pareilles choses de bonne foi[2].

1. Bebel, *La Femme dans le passé, le présent et l'avenir*, traduction française, chapitre intitulé : « La socialisation de la société », p. 251 et sqq. En attendant, l'Angleterre, le pays typique du régime capitaliste, est celui pourtant dans lequel on a observé, depuis quelques années, une diminution constante des délits. De 1879 à 1893, les prisonniers sont descendus de 19 818 à 12 178, plus du tiers. La criminalité des jeunes gens est en continuelle décroissance, bien qu'ils soient en grande partie employés dans les fabriques, — foyers de dégénérescence, suivant Bebel. La diminution progressive des condamnés a amené, dans ces vingt dernières années, la fermeture de six prisons. (*Idea liberale*, 13 mai 1894). Et les pauvres secourus et aptes au travail ont, dans les dernières quarante années, diminué de plus de moitié, malgré la continuelle et rapide augmentation de la population. Voir P. Leroy-Beaulieu, *Le collectivisme*, p. 307-308.

2. Dans ma *Criminologie*, p. 166-193 de la traduction française, 3e édition, Paris, 1892, j'ai démontré, en m'appuyant sur des données statistiques indiscutables, que la cupidité est également efficace à produire les délits dans différentes conditions économiques; que parmi ceux qui ne sont pas prolétaires, il y a l'équivalent du vol dans d'autres délits qui ont différents noms correspondant aux formes diverses sous lesquelles se manifeste la même passion de la cupidité; que, enfin, l'ordre économique, c'est-à-dire la façon dont la richesse se trouve distribuée, n'est pas une des causes de la criminalité générique, tandis que les oscillations qui se succèdent dans cet ordre économique peuvent produire l'augmentation d'une forme de criminalité compensée par la diminution d'une autre forme.

Cependant, le fait qu'un professeur de droit pénal, M. Enrico Ferri (qui s'est montré en cette science un vigoureux défenseur de la méthode expérimentale), voit maintenant dans le socialisme l'antidote contre la criminalité, me pousse à faire une digression sur cette question des délits et des peines, qui a été pour moi aussi l'objet de longues études.

En ce qui concerne l'abolition des lois pénales dans une société collectiviste, il s'agit avant tout de faire une observation que j'appellerai préjudicielle, comme celle que j'ai déjà avancée au sujet de la probabilité que le régime collectiviste soit établi par l'œuvre de ce que l'on nomme le quatrième état. Puisque les socialistes veulent que les prolétaires détruisent l'État actuel pour transformer, dans leur propre intérêt, les rapports sociaux, et puisque le premier pas doit être la conquête du pouvoir politique, j'ai observé (Voir p. 30) qu'il n'est pas possible de se livrer à aucune prévision au sujet du gouvernement qu'il plairait aux nouveaux dominateurs de fonder. Rien ne nous prouve que les ouvriers et les paysans suivraient alors les enseignements de Marx et de Lassalle; il est au contraire très probable que les plus habiles et les plus forts, s'étant mis en possession des richesses, voudraient les conserver pour eux[1]; et quant aux

1. Dans un remarquable article publié récemment par M. G. Cimbali (*Idea liberale*, décembre 1894), l'auteur observe

chefs et aux directeurs du mouvement, ils auraient bien autre chose à faire qu'à étudier les nombreux volumes de l'ouvrage *Das Kapital*, pour chercher à en tirer ces applications pratiques que l'auteur même a cru opportun de laisser dans l'ombre.

Une observation parfaitement analogue peut être faite au sujet de l'abolition des sanctions pénales, des tribunaux, des gendarmes et des prisons.

Les théoriciens du collectivisme auront beau dire que toutes ces choses doivent disparaître; mais si les nouveaux maîtres les croient utiles, elles continueront à exister. Une organisation sans règlements ni sanctions pénales peut paraître possible aux premiers, qui sont des personnes très doctes, mais il est difficile qu'elle semble telle aux seconds, qui seront des gens pratiques et se soucieront bien peu de leurs ex-professeurs.

C'est donc fort à propos qu'un écrivain demande ce qui pourrait empêcher une association communiste d'établir des peines et des moyens pour les faire exécuter. « Le gouvernement? Non, parce qu'il

très bien ceci : « Le nombre n'est pas la qualité, et, même dans l'état de barbarie auquel la lutte de classes nous reporterait, la prépondérance appartiendrait aux plus forts, aux plus habiles, aux plus rusés, qui, dans l'État civilisé, sont tenus en bride le plus possible par la force omnipotente de la loi. En réalité, les prolétaires, les débiles, auraient toujours le dessous. On recommencerait à exercer contre eux ces milliers et milliers d'abus qui étaient les délices de la féodalité ».

n'y aura plus de gouvernement. Une loi fondamentale? Pas davantage, parce que, la sanction manquant, ce serait le *telum imbelle sine ictu* du vieux Priam... Les libres associations pourront faire ce qui leur agrée le mieux, et les membres qui les composent pourront abdiquer aux mains de l'association tout ou partie de leurs droits, en leur déléguant même la faculté d'infliger des peines, plus ou moins sévères, à ceux des associés qui viendraient à manquer aux conventions ». On peut plutôt prévoir que les nouveaux règlements seraient beaucoup plus durs que les codes actuels. « En l'absence de tout autre pouvoir constitué, tous comprendront que, pour ne pas se trouver isolé dans la lutte pour l'existence, il vaut mieux faire partie d'une association, et tous les associés, pour ne pas courir le risque de se voir abandonnés par leurs co-associés, préféreront s'assujettir eux-mêmes à une loi sévère, pourvu que la même sévérité s'impose aux autres associés et maintienne en vie l'association[1] ».

Cette réponse faite aux communistes anarchistes peut, avec quelques modifications, s'adresser aussi aux collectivistes; la différence réside en ceci, que, au lieu des libres associations, on parlera de l'association ou collectivité; et l'on omettra de parler de

1. Sernicoli, *op. cit.*, tome II, p. 110-111.

l'association spontanée des citoyens et de leur assujettissement spontané aux nouvelles lois.

Mais il n'est pas douteux, toujours, que la nouvelle *administration* (pour ne pas employer le mot honni de *gouvernement*) aura néanmoins le pouvoir d'établir les peines qu'elle croira nécessaires; et on peut prévoir encore que ces peines devront être plus dures que les peines actuelles, par suite de la nécessité d'une discipline de fer qui seule pourrait maintenir indissolublement l'armée des travailleurs et les contraindre à faire leur devoir.

A ceci les théoriciens du collectivisme répondent que, quant à l'obligation du travail, la sanction est inutile, l'intérêt individuel de chaque ouvrier devant le pousser à s'appliquer à sa tâche, — ce qui n'est pas toujours vrai, parce que même l'intérêt véritable peut être négligé et oublié par l'homme, pour faire place au désir de satisfaire une passion, ou par apathie, par ignorance, ou pour d'autres raisons. Quant aux vrais délits, — ajoutent-ils, — il ne pourra plus y en avoir, dès que sera établie l'égalité économique des citoyens.

Cette idée est vieille de quelques milliers d'années. On la trouve dans les auteurs grecs, sous une formule que répètent aujourd'hui, sans aucun perfectionnement, les nouveaux socialistes : « A qui pourrait-on dérober, quand tout serait commun? »

Qui ne se rappelle, entre autres, les vers d'Ovide relatifs à l'âge d'or?

> Aurea prima sata est aetas, quae, vindice nullo,
> Sponte sua, sine lege, fidem rectumque colebat;
> Poena metusque aberant; nec verba minacia fixo
> Aere ligabantur, nec supplex turba timebat
> Judicis ora sui, sed erant sine judice tuti.

Mais on a oublié Caïn, le premier criminel dont on ait mémoire, Caïn, qui ne tua pas son frère par envie des biens terrestres, mais seulement par jalousie de la sympathie plus grande qu'avait pour lui le Seigneur!

En attendant, pour montrer que Bebel ne nous dit rien de nouveau et de différent de ce que nous avaient dit tant d'utopistes méprisés, je veux rappeler à mes lecteurs un livre qu'ils ont certainement lu dans leur enfance.

Fénelon fait aborder son Télémaque dans la région de la Bétique, à l'embouchure du Bétis. Il trouve là-bas une population simple et bonne qui vit en plein communisme agraire et ne connaît ni l'argent ni les raffinements de la civilisation. Dans cet heureux pays il n'y a jamais de procès et il n'existe pas, par conséquent, de tribunaux. « Ils n'ont point d'intérêts à soutenir les uns contre les autres, et ils s'aiment trop d'un amour fraternel, que rien ne trouble. C'est le retranchement des vaines richesses et des plaisirs trompeurs qui leur conserve cette paix, cette union et cette liberté. Ils sont tous libres, tous égaux ». Et il ne peut y avoir chez eux de délits : « La fraude, la violence, le parjure, les procès, les guerres, ne font jamais entendre leur voix cruelle et empestée dans ce pays chéri des dieux. Jamais le sang humain n'a rougi cette terre; à peine y voit-on couler celui des agneaux[1] ».

Sauf la classique élégance de la forme, — qui doit produire un effet pitoyable sur un vrai socialiste, — les mêmes choses sont dites par Bebel et répétées par ses partisans, et elles sont acceptées aujourd'hui par le socialisme scientifique.

Mais le romancier du XVIIe siècle mettait, à la base de tout, l'amour de ces hommes entre eux, leur simplicité et leur honnêteté. « Il ne faut point de juges parmi eux, car leur propre conscience les juge ». Dans cette supposition gît l'utopie, mais, cette supposition admise, tout ce qui suit est possible, et même logique. Au contraire, le socialisme « scientifique », pour éviter l'utopie, se passe de l'élément de l'amour et de l'honnêteté, mais ne s'aperçoit pas que, de cette façon, sa création manque absolument de base.

Les plus sérieux d'entre les utopistes n'osèrent pas affirmer que par une transformation des rap-

1. Fénelon, *Les aventures de Télémaque*, livre VII.

ports économiques, la criminalité aurait complètement disparu, comme le prétendent aujourd'hui les « savants » du socialisme.

C'est ainsi qu'Owen prévoit le cas des délits, en en rapportant toujours la cause à l'aliénation mentale, dans cet article de son code rationnel de lois :

« Si n'importe quel élément social... agit en opposition avec le bonheur de la société, individuellement ou en masse, cela ne peut arriver que par l'effet d'une maladie mentale, et les personnes qui agissent de la sorte seront placées dans une maison de refuge, traitées avec la douceur que le cas permet, et gardées dans la maison ou dans l'asile seulement le temps nécessaire pour le recouvrement de leur santé [1] ».

Dès 1885, j'ai combattu, dans ma *Criminologie*, l'idée que l'indigence soit une cause suffisante de la criminalité.

Il n'est pas douteux que l'extrême misère est presque toujours un signe de manque d'énergie et qu'elle produit une espèce d'apathie, ou, comme dit le professeur Benedikt, de neurasthénie morale, dont l'effet est la mendicité, non pas le délit, parce que le délit exige toujours un certain effort, dont les âmes abattues par la faim sont incapables. Le

1. Robert Owen, *Le livre du nouveau monde moral*, 3e partie, chap. XIV, recueil de Boccardo, tome IX, 1re partie, p. 995.

plus grand nombre des hommes des classes inférieures ne souffrent pas matériellement la faim [1]; l'indigence absolue est un cas très rare. Les ouvriers en tout pays gagnent plus qu'il est nécessaire à leur vie; ceux des villes, en particulier, dépensent pour leurs divertissements, et beaucoup font des économies. Dans une grève récente en Angleterre, les patrons ayant cédé à leurs prétentions, on apprit bientôt que chacun déposait dans les caisses de l'association, en vue de soutenir la lutte en une autre occasion, précisément cette quote-part de salaire à laquelle ils n'avaient pas voulu renoncer, la disant indispensable à leur existence!

L'ouvrier ne sait plus se contenter d'un salaire suffisant aux nécessités de la vie, même en mettant au nombre de ces nécessités quelques besoins artificiels, mais devenus communs dans sa classe [2]; il prétend toujours à plus, à mesure que croissent ses désirs..

Cela est très explicable; mais cette disproportion entre les besoins et les moyens de les satisfaire, ne

1. Voir Rae, *Le socialism contemporain*, ch. VIII.

2. M. Rae, *op. cit.*, a bien exprimé cette idée : « La limite de la subsistance nécessaire n'est pas inflexiblement fixée par les conditions physiques. Ce n'est pas la vie pure et simple, mais la vie devenue habituelle pour l'ouvrier, et qui est considérée par lui comme nécessaire ». Voir aussi L. Fiorentini, *Socialismo e anarchia*, p. 43. Rome, 1895.

se trouve pas seulement dans les classes laborieuses; ils sont peu nombreux, dans toutes les classes, ceux qui gagnent ou qui possèdent assez pour pouvoir mener la vie qui leur plairait; tous voudraient s'élever à un niveau un peu supérieur à celui auquel suffiraient leurs moyens, et c'est le propre de la nature humaine, que chacun désire la compagnie des personnes plus riches que lui, et en imite les habitudes.

C'est de là que naît un malaise économique presque universel à notre époque; les contacts incessants entre ceux qui se trouvent sur les degrés les plus rapprochés de l'échelle sociale, font que ceux du degré inférieur sont toujours mécontents de leur pauvreté relative.

C'est pourquoi, dans mon livre déjà cité, j'avais écrit : « Celui qui travaille pour un salaire, se sent pauvre par rapport à son maître; le petit propriétaire par rapport au grand propriétaire; le simple employé par rapport à son chef de bureau... Celui qui possède un million de capital porte envie à celui qui a un million de revenu; il pourra éprouver une cupidité semblable à celle qui s'empare du simple cultivateur par rapport au métayer.

« Or, de même que cette cupidité peut pousser le paysan à voler du bois, elle peut pousser le métayer à tromper son propriétaire, le comptable à falsifier ses registres, le riche commerçant à faire une banqueroute frauduleuse, et le propriétaire encore, à produire le faux testament d'un millionnaire [1] ».

Et je concluais de cela, en fortifiant mes idées par la statistique de la criminalité, que la misère ne suffit nullement à expliquer les délits contre la propriété; que ceux-ci se produisent non parce que leurs auteurs se trouvent dans une condition économique spéciale, mais parce qu'ils se trouvent dans une condition morale spéciale, c'est-à-dire : absence de l'instinct de probité et insouciance de leur propre réputation, qui, elle aussi, forme un capital, et pour laquelle maints individus, qui sont privés d'honnêteté naturelle, évitent néanmoins le délit.

Ces conditions morales peuvent se rencontrer dans n'importe quelle classe sociale, comme, pareillement, dans n'importe quelle classe il y a des individus auxquels elles font défaut.

En admettant donc que la misère puisse se supprimer, ces conditions continueraient à se trouver toujours chez un certain nombre de personnes, et l'activité illicite et criminelle aurait toujours son champ d'exercice, — peut-être d'une autre façon et sous d'autres formes. En une seule circonstance on pourrait présumer la cessation des délits produits par la cupidité : celle où le délit ne pourrait absolument apporter aucun profit, parce que la situation

1. R. Garofalo, *La Criminologie*, traduction française, p. 170-171.

économique de tous serait absolument et invariablement identique, de sorte qu'aucun homme n'aurait en aucun cas à envier quelque chose à autrui.

Mais s'imaginer cela est le fait d'enfants, et non d'hommes. Comment, en effet, pourrait-on être assez simple pour croire qu'un changement dans la répartition des gains puisse rendre impossible tout gain déshonnête, tout profit au détriment d'autrui? C'est là une idée qui, par sa puérilité, ne mérite pas d'être sérieusement discutée.

A cette époque, M. Enrico Ferri lui-même était à peu près de cet avis, et écrivait dans son livre *Socialisme et criminalité* :

« C'est précisément sur cette sociologie générale que, comme criminaliste, je m'appuie pour réduire à ses véritables termes positifs cette affirmation optimiste des socialistes (à savoir que le socialisme ferait disparaître le phénomène criminel), et c'est sur elle que les économistes, comme le fait M. Loria d'une façon admirable, doivent s'appuyer pour prendre au socialisme ce qu'il a apporté de positif dans l'observation des faits économiques, et pour en écarter au contraire la partie des véritables « vacuités », des abstractions sentimentales, qui résolvent je ne dis pas un petit problème de science sociale, mais toute une révolution à la fois économique, politique, intellectuelle et morale, avec des prophéties et des affirmations dont, notez-le bien, je ne nie pas la possibilité dans l'avenir de l'humanité présente et dans l'humanité future, celle du xxe siècle [1]...

« Je ferai cette seule remarque : le délit, et, partant, la peine sous telle ou telle forme individuelle ou collective, c'est-à-dire l'action qui lèse les conditions d'existence et la réaction défensive et préventive correspondante, n'ont que trop leurs racines jusque dans le monde animal (recherches qui peuvent aussi sembler à quelques-uns des divagations imposées par la mode), et sont, en conséquence, comme l'activité honnête et les récompenses relatives plus ou moins complètes, un phénomène inséparable de l'humanité. Les lois les plus élémentaires de la pensée humaine nous obligent en effet à affirmer que, de même que le phénomène criminel apparaît toujours, sans exception, là où sont des êtres vivants et par conséquent aussi des hommes, dans chacun des stades quelconques de la vie humaine dont nous avons connaissance, ainsi c'est une nécessité cérébrale, dirais-je, d'admettre que tant que l'humanité sera soumise aux lois biologiques et sociologiques qui l'ont élevée de l'état sauvage à la civilisation actuelle, elle devra se manifester sous le double et inséparable aspect de son activité, — le travail honnête et le travail criminel [2] ».

1. Enrico Ferri, *Socialismo e criminalità*, p. 41.
2. *Id.*, *Ibid.*, p. 160.

Et M. Ferri concluait : « Il y a donc précisément une part de criminalité, déterminée spécialement par des anormalités sociales aiguës, que le législateur peut, à l'aide de mesures de prophylaxie scientifique et sociale, supprimer en grande partie, en corrigeant justement ces institutions anormales, c'est-à-dire inadaptées au temps et au lieu présents, en arrivant ainsi peu à peu, mais non par un trait de plume ou par une révolution, à restreindre la criminalité au *minimum* compatible avec le niveau individuel et le milieu physique et social de toute époque historique...

« Que devient-elle alors, la prophétie du socialisme d'après laquelle, la transformation ou révolution une fois advenue, le crime, comme la misère, comme l'ignorance, comme l'immoralité en général, aura cessé d'exercer sa triste tyrannie dans l'habitacle humain? Elle devient la simple expression idéale d'un but sublime que l'humanité, certainement, doit toujours avoir devant les yeux, parce que « si l'honnêteté pure et absolue est inaccessible aujourd'hui et pour beaucoup de temps encore, nous devons toutefois avoir les yeux fixés sur la boussole qui nous montre où elle se trouve » et où la pousse une lente, bienfaisante et inexorable nécessité. Mais elle perd la possibilité d'être, dans l'humanité présente et dans les générations qui suivront la nôtre, la représentation d'un destin actuellement réalisable ni par la violence des révolutions, ni par l'illusion généreuse du sentiment[1] ».

L'écrivain que je viens de citer, qui montrait avec tant de bon sens et à l'aide de si solides arguments le vide des idées socialistes sur la criminalité, ne croit pas aujourd'hui, on le sait, devoir s'éloigner même sur ce point de ses nouveaux coreligionnaires, et il soutient que le socialisme marquerait la fin de la plus grande partie des délits.

Ah! si moi aussi je pouvais partager cette conviction, si je pouvais croire à la possibilité de vivre dans une société où l'homme n'aurait pas à craindre son semblable plus que n'importe quelle bête féroce; si je pouvais me persuader que le socialisme ferait disparaître ces deux choses horribles que l'on nomme la guerre et le crime, je finirais par devenir socialiste, malgré l'antipathie instinctive que j'éprouve pour le phalanstère, et malgré la nouvelle situation d'ouvrier dans laquelle je me trouverais placé!

Malheureusement, je suis persuadé que même si les hommes étaient tous dans une identité écono-

1. Enrico Ferri, *op. cit.*, p. 161-208. — M. Carelli a justement observé que la contemporanéité entre les améliorations sociales et l'élévation du sentiment moral n'implique pas que celle-ci dérive de celles-là, mais signifie au contraire que « les individus, en perfectionnant leur organisme, créent ce degré supérieur de civilisation sociale, qui a ensuite une action réflexe sur les individus mêmes qui en ont été les auteurs ». V. Appendice à la *Criminologie* de Garofalo, 2e édition italienne, Turin, 1891.

mique parfaite, cela ne les rendrait pas identiques anthropologiquement ni psychologiquement; en conséquence il y aurait toujours des méchants, des arrogants et des oppresseurs d'un côté, et des paresseux, des oisifs et des désœuvrés de l'autre côté. Il y aurait, précisément comme dans notre société actuelle, des hommes justes et compatissants, et des hommes déshonnêtes et cruels; des hommes de bonnes mœurs, et des hommes adonnés à la luxure et à l'ivresse; il y aurait enfin, comme aujourd'hui, des tempéraments équilibrés et calmes, et des tempéraments emportés, ou impulsifs, ou névrotiques; et il ne manquerait pas non plus d'individus privés de sens moral et sanguinaires par atavisme. Aussi rien ne pourrait-il faire prévoir ni la fin ni l'atténuation des causes qui poussent aux délits.

Il est prouvé, d'ailleurs, que la criminalité d'un peuple dépend de bien d'autres causes que des inégalités économiques entre citoyens. L'Angleterre, le pays peut-être où ces inégalités sont les plus grandes, est aussi le pays où la criminalité décroît constamment et rapidement (Voir la note 1 de la page 123). Elle diminue, parce que l'éducation morale y fait toujours de plus grands progrès; parce qu'il n'y a pour ainsi dire pas de petit enfant auquel on n'enseigne les devoirs de l'homme; parce qu'il n'y a pour ainsi dire pas de famille qui ne lise chaque dimanche une page de l'Évangile. Elle diminue, parce que l'opinion publique ne pardonne pas aux criminels. Et cette aversion se reflète dans les lois, qui ont conservé leur antique sévérité, et dans les jurés et les juges, qui les appliquent inflexiblement. Le peuple anglais ne tolère pas le délit, et voilà pourquoi, chaque année, on ferme une maison pénitentiaire.

Chez nous, au contraire, les chiffres de la haute criminalité sont en augmentation ou, tout au plus, ils restent immuables, non parce qu'il y a des pauvres et des riches, mais parce que l'éducation morale de l'enfance est négligée ou confiée à des maîtres indignes[1]; et parce que les déclamations

1. Voici ce qu'ils font en Romagne et en Lombardie, si l'on en croit M. R. Alt (De Albertis), qui écrit dans le journal *Il Mattino* de Naples, n^{os} des 16 et 17 juin 1894 :

« De même qu'ils singent en tout les Français et les Allemands, qui depuis un bon bout de temps déjà ont des cours de doctrines athées et des baptêmes athées, ils ont commencé aussi à emprunter aux théâtres de Berlin les spectacles sociaux, et nous avons, dans certains petits centres ouvriers, des baraques en bois où le maître d'école — ce très dangereux propagateur d'idées socialistes que le gouvernement paye et que la société réchauffe dans son sein — fait des conférences et écrit des comédies socialistes.

« Et comme on veut éviter l'intervention des autorités, ces baraques sont fermées au public; les représentations sont privées, et l'on y assiste au moyen d'invitations distribuées avec beaucoup de précautions.

« Je me rappelle qu'au répertoire de ces intéressants spectacles figurent des comédies qui ont pour titre : *La propriété est un vol. — Ni Dieu ni prêtre. — Le pays de la honte. — Comment cela finira-t-il ?* »

Et dans un autre numéro du même journal, M. R. Alt rap-

contre la sévérité des peines, qu'on répète depuis cinquante ans dans les universités et dans la presse, ont fait surgir une génération d'hommes politiques qui ont mis leur gloire dans le relâchement de la répression, et de juges et de jurés qui ont cru et croient faire œuvre louable, en se montrant indulgents envers les malfaiteurs.

Cela a amené, dans les couches inférieures du peuple, la conviction que le crime n'est pas chose si grave, puisque le châtiment en est si léger; et avec la diminution de l'horreur qu'une nation civilisée devrait éprouver pour lui, on a de plus en plus manqué l'effet qu'une justice sévère et inflexible exerce indirectement sur les conditions morales d'un peuple.

Aujourd'hui que, à l'insuffisance de la répression, aux absurdes méthodes d'éducation et à la guerre faite au sentiment religieux, s'ajoutent la propagande des sentiments les plus haineux, la destruction de tout principe d'ordre, de discipline, de respect, et qu'on fait de la dévastation et de l'assassinat une simple question d'opportunité, si l'on continue à laisser le champ libre à cet apostolat insensé, nous pouvons nous attendre d'ici peu à

porte ces paroles d'un écrivain connu : « Tous les instituteurs du Piémont, où j'ai résidé longtemps l'année dernière, sont d'ardents socialistes : il faut les entendre parler à leurs écoliers! »

une recrudescence de criminalité. C'est là l'effet probable des doctrines socialistes, — beaucoup plus probable, assurément, que la transformation collectiviste !

En attendant, nous l'avons vu, ces doctrines n'admettent pas l'existence de l'État. Si cette idée est en contradiction flagrante avec les exigences mêmes du système collectiviste, la contradiction n'est pas moins criarde, avec l'idée que la transformation sociale puisse s'effectuer à l'aide de l'évolution, hâtée, dans la dernière période, par la révolution.

Si en effet l'évolution naturelle conduit la société au socialisme, — comme le proclament les nouveaux docteurs en cette matière, — est-ce que, par hasard, on seconderait cette évolution, en faisant la guerre à l'État, qui représente l'organisme de la société?

Et si la révolution se fait prématurément, qu'en pourrait-il résulter? Rien d'autre qu'une expropriation violente du sol, comme les barbares l'avaient fait en partie pour les territoires conquis sur l'empire romain; — ce qui réduirait simplement à la misère trois ou quatre millions de propriétaires fonciers.

A cette spoliation pourrait s'ajouter celle des machines des ateliers, qui, par manque du capital nécessaire aux acquisitions des matières premières, resteraient inoccupées. Il est clair, en effet, que les capitaux en monnaie métallique disparaîtraient bien vite dans les poches des possesseurs s'enfuyant vers d'autres régions, tandis que ceux qui sont représentés par des titres fiduciaires n'auraient plus aucune valeur. « Le fluide vital de la richesse et de l'industrie, c'est la sécurité. Cherchez à vous emparer du capital, ou, comme vous dites, à le socialiser, et il fondra entre vos mains. Il ne vous restera autre chose qu'un chiffon de papier, parce que vous aurez détruit tout ce qui en constituait la force et la valeur : la confiance[1] ». Donc, ruine complète des actionnaires et misère des ouvriers, qui verraient disparaître leurs avances sous forme de salaires.

Et en admettant même qu'une partie du capital pût être sauvée, les ouvriers courraient le risque de le perdre en peu de temps, par suite des crises immanquables dans une pareille révolution économique.

C'est pourquoi la révolution entraînerait bien vite la société à la ruine la plus épouvantable, et, sans pouvoir établir le régime collectiviste, conduirait sûrement à l'anarchie. Tout lien de solidarité entre les États étant rompu, et l'unité même de l'État

1. Discours de M. Paul Deschanel à la Chambre des députés français, en date du 20 novembre 1894. (Voir la fin du chapitre IV de ce volume).

étant brisée (parce que les socialistes sont généralement fédéralistes), chaque province, chaque commune voudrait se gouverner d'elle-même. Et ces gouvernements tomberaient aux mains de fous, de sanguinaires ou d'enragés, comme ceux de la première Commune de 1793, — ou d'illettrés et de repris de justice, comme ceux de la seconde Commune de 1871.

Singulière façon de faciliter le régime collectiviste, — un régime qui ne supporte pas même l'entrée en discussion, à moins que l'on ne commence par supposer l'existence d'un État assez fort pour vaincre toute résistance et pour discipliner toutes les diverses espèces d'activité humaine [1] !

En effet, les seules expériences sérieuses de socialisme dont nous trouvons des traces dans l'histoire, après que l'évolution avait déjà fait disparaître les formes primordiales de propriété commune des tribus, furent l'œuvre de gouvernements forts dans des États fortement constitués.

Parmi ces expériences, en laissant de côté les essais partiels et vite échoués de la France en 1793

1. « Si l'économie privée doit se transformer en économie publique, si la production et la distribution des biens doivent être soumis à la direction et au contrôle d'organes spéciaux, si l'action de ceux-ci doit se substituer à la libre initiative des individus, de même que la règle à l'accord contractuel, une telle organisation est inconcevable sans un système autoritaire et coercitif ». Icilio Vanni, *op. cit.*, p. 51.

et en 1848, il en est deux qui eurent une certaine importance.

La première, la plus connue, mais qui exclut la communauté du sol, en le divisant en parties égales parmi les citoyens, fut celle des lois attribuées à Lycurgue et que l'on dit semblables aux lois antiques de la Crète. On ne peut nier, en effet, que par l'éducation commune des enfants sans l'ingérence de leurs parents, par les repas publics obligatoires, par l'abolition de la monnaie, par la défense de s'enrichir et par d'autres institutions très rigoureuses rappelant le couvent ou la prison [1], on n'ait atteint là beaucoup des tyranniques idéals socialistes.

Mais l'autre expérience, faite en Chine au XIe siècle, réalisa de la façon la plus complète le collectivisme par rapport à la production agraire, et avait même commencé à le réaliser aussi dans chaque autre industrie, de manière à ne laisser absolument subsister ni la propriété privée ni la possibilité de s'enrichir. Ce fait historique très important, et insuffi-

1. Selon la tradition, le roi Agis, rentré victorieux de la guerre, envoya demander qu'on lui apportât à manger chez lui, parce qu'il désirait dîner avec sa femme; mais les polémarques ne le lui permirent pas. (Plutarque, *Vie de Lycurgue*). — A propos des lois de Sparte, M. Fioretti observe qu'elles étaient justifiées par un état de guerre presque permanent : la vie de caserne avait pour but la défense prompte et énergique de la patrie. Mais ce mot « patrie » est vide de sens pour les nouveaux socialistes. (*Vita spartana*, dans le journal *Il Mattino* (de Naples, supplément du 30 septembre 1894).

samment connu, mérite d'être quelque peu examiné dans sa genèse et dans ses effets.

En Chine donc, au XIe siècle, il y avait des sectes qu'on appellerait aujourd'hui anarchistes ou nihilistes. « La société — disaient les sectes en question — repose sur la loi, et la loi c'est l'injustice et la chicane; sur la propriété, et la propriété c'est l'injustice et la concussion ; sur la religion, et la religion n'est que mensonge; sur la force, et la force n'est que tyrannie ».

« Mais l'homme — dit un publiciste français d'après lequel nous allons résumer le récit de ce curieux mouvement — ne reste jamais longtemps dans la négation absolue; il la traverse, mais pour arriver à une affirmation. Sa nature le ramène forcément à la réalité, et son corps ne peut pas plus subsister sans nourriture, que son cerveau fonctionner sur l'idée abstraite du néant ». Une formule socialiste devait être et fut le terme de cette étrange convulsion. Le socialisme chinois surgit donc, et son représentant fut Wang-ngan-Ché (né en 1027), homme d'une prodigieuse intelligence et d'une éloquence remarquable. Nommé ministre par l'empereur Chen-Tsoung, de la dynastie des Song, qui, séduit par ses idées, lui laissa en même temps entière liberté pour les appliquer, Wan-ngan-Ché se mit aussitôt résolument à l'œuvre. Proclamant l'État souverain, seul propriétaire et universel exploitant, il décréta l'établissement de tribunaux d'agriculture, chargés de répartir annuellement entre les cultivateurs les terres labourables, de décider du genre de culture qui convenait à chacune, et de distribuer les grains nécessaires pour les ensemencer. Le produit appartenait à l'État, qui devait en régler le partage proportionnellement aux besoins et au chiffre de la population. Pour se procurer les sommes nécessaires à la mise en œuvre de ce projet et pour supprimer graduellement l'inégalité des fortunes et des conditions, Wang-ngan-Ché décida que les tribunaux imposeraient une taxe spéciale sur les riches; les pauvres en étaient exempts. Les magistrats désigneraient, sans appel, qui était riche et qui était pauvre. En cas de disette ou de mauvaise récolte sur tel ou tel point du territoire, le grand tribunal agricole siégeant à Péking était investi des pouvoirs nécessaires pour faire affluer dans les districts éprouvés le surplus des grains des provinces mieux favorisées. Mais ces mesures ne suffisaient pas. Pour assurer le bonheur de tous, il fallait supprimer la richesse, cause de l'inégalité, et, partant, des mécontentements et des troubles existant sur la terre. Aussi, après l'avoir abolie, fallait-il l'empêcher de se reconstituer; or, le négoce, la banque, l'industrie, l'usure, la créaient. Wang-ngan-Ché supprima le négoce, la banque, l'usure et l'industrie. L'État en aurait le monopole, et, grâce à ce monopole, réaliserait lui seul tous les bénéfices répartis en des millions de mains. Or, l'État représentant tous les habitants, tous auraient leur part de cette prospérité collective. « Nul ne serait riche, mais personne ne serait pauvre; tous étant égaux, l'envie, la haine, les mauvaises passions disparaissaient comme par enchantement, et les règles invariables de la rectitude s'imposaient sans effort dans un empire régénéré ». Seuls les usuriers, les accapareurs, ceux qui s'enrichissent des malheurs publics et dévorent les travailleurs, pourraient se plaindre de ces changements.

Au début, les acclamations furent universelles, et le novateur fut salué d'une extrémité de la Chine à l'autre par un concert enthousiaste de louanges.

Mais les désillusions furent rapides. La première vint de l'usage que faisaient les paysans de la semence que leur fournissait gratuitement l'administration publique. Après avoir prélevé sur ces grains la portion nécessaire à leur nourriture et à celle de leur famille, ils en vendaient ou en échangeaient une autre portion pour se procurer les objets dont ils manquaient. Le surplus seul, peu de chose, comme le prouvaient les dernières récoltes, était confié à la terre.

La misère ne tarda pas à devenir générale; les résultats démentaient chaque jour, dans les diverses industries, les espérances conçues; mais le gouvernement tenait ferme, et s'obstina pendant quinze années à poursuivre l'expérience. Au bout de ce laps de temps survint la mort de l'empereur Chen-Tsoung, resté fidèle malgré tout au hardi novateur, en dépit de certains moments de doute. L'impératrice régente, effrayée des clameurs poussées contre Wang-ngan-Ché, découragée par l'insuccès de ses plans, l'abandonna et rappela le précédent ministre, Ssé-ma-Kuang, homme également remarquable, à l'âme fortement trempée, et l'adversaire résolu des réformes de son successeur. Cette substitution s'opéra d'ailleurs de la façon la plus courtoise, les deux hommes d'État ayant toujours lutté de générosité l'un à l'égard de l'autre. Mais, Wang-ngan-Ché à peine écarté du pouvoir, son système s'écroulait de toutes pièces, et Ssé-ma-Kuang se hâtait d'en effacer jusqu'aux dernières traces.

Jamais un réformateur ne se trouva dans des conditions plus favorables. Il eut tout pour lui, le pouvoir absolu au service d'une indomptable volonté, et, pour tenter ses expériences, quinze années de temps dans lesquelles il put disposer sans obstacles des destinées de trois cents millions d'individus. « Tout Chinois qu'il fût, — comme le dit spirituellement M. C. de Varigny, — c'était un homme de génie, mais il tenta l'impossible. Il crut qu'on pouvait changer la nature humaine, substituer des abstractions à des passions, et décréter le bonheur d'un peuple en apposant sa signature au bas d'un décret. Il construisit de toutes pièces une machine savante, admirablement combinée, mais elle eut un défaut, elle ne marcha pas; l'inventeur avait négligé de tenir compte des lois du frottement ».

Les socialistes disaient alors, comme ils disent encore aujourd'hui, que la richesse et la misère dépendent de l'existence du capital privé. « Cela ne sera plus, ajoutent-ils, quand nous dominerons ». Wan-ngan-Ché était du même avis. Il put faire complètement l'essai de sa théorie; l'échec fut également complet. « On pourra recommencer, on ne fera pas mieux, et le résultat n'est pas encourageant [1] ».

Si telle est l'histoire du collectivisme implanté par un homme cultivé et sage et soutenu par la plus grande force morale et matérielle dont on ait jamais pu disposer, il est facile de prévoir quels seraient les résultats de ce système dans nos pays habitués à la liberté la plus illimitée, et chez une race qui, comme la race latine, ne se plie pas facilement à la discipline.

Les premiers pas seraient à peine faits, que de toutes parts éclaterait la révolte.

Il est facile de comprendre que, tandis que l'on voudrait d'abord abattre le millionnaire oisif, on assé-

1. C. de Varigny, *Un socialiste chinois au XIe siècle*. *Revue des Deux Mondes*, 15 février 1880, p. 922.

nerait au contraire des coups mortels aux travailleurs prévoyants et honnêtes qui ont mis de côté, sur leurs économies, un petit pécule destiné à soulager leur vieillesse et à élever leurs enfants. Il faudrait commencer, en effet, par annuler tous les titres de crédit, sans en excepter ceux qui sont déposés dans les caisses d'épargne de l'État. « Du même droit que mettent aujourd'hui en avant les créanciers des caisses d'épargne, — dirait le gouvernement socialiste, — la restitution de leur capital pourrait demain être réclamée par ceux qui ont placé leurs épargnes non dans les caisses de l'État, mais en ateliers, en instruments de travail, en propriété foncière [1] ».

Que de millions de citoyens se verraient ainsi du jour au lendemain privés de tout leur avoir! Et l'on s'imagine que cette cruelle spoliation pourrait s'exécuter sans effusion de sang! Qu'arriverait-il aussi quand on voudrait arracher au petit propriétaire rural le lambeau de terre qui le nourrit, comme il a nourri ses pères, et qui lui est plus cher que les membres de son corps?

Et l'on pense que cela peut se faire par le moyen d'une coalition de prolétaires? Mais si les prolétaires forment plusieurs millions, les actionnaires de banques ou maisons de commerce, les petits

1. Eugène Richter, *op. cit.*, p. 25.

propriétaires fonciers, les ouvriers mêmes qui possèdent quelques épargnes, forment, eux aussi, quelques millions, comme je l'ai montré un peu plus haut, et il n'est pas vraisemblable qu'ils se laissent exproprier violemment et sans indemnité, à moins qu'ils ne succombent dans une épouvantable guerre civile.

S'il s'agit d'expropriations légales, moyennant indemnité, alors cela ne peut se concevoir sans intervention d'un État régulièrement organisé, mais cela ne pourrait amener qu'un changement dans l'objet de la propriété individuelle, laquelle — comme je l'ai montré dans le chapitre précédent — continuerait à subsister sous une forme différente.

Tout ceci démontre suffisamment le manque absolu de logique de ces socialistes qui se disent en même temps évolutionnistes et révolutionnaires. Il est indispensable que les socialistes se décident désormais :

Ou évolutionnistes théoriques, qui attendent patiemment que les temps soient mûrs; — et alors nous discuterons avec eux, tranquillement, si le mouvement d'accumulation et de concentration du capital, qui s'est manifesté dans la première moitié de ce siècle, continue encore son cours, ou ne tend pas plutôt à s'arrêter et à reculer, comme le démontrent quelques indices, donnant ainsi un démenti bien net aux prophéties marxistes [1]. Mais, en tout cas, cette discussion ne serait qu'académique, parce que l'opinion prépondérante ne pourrait changer en aucune façon la marche économique de la société.

Ou, au contraire, démocrates révolutionnaires. Et alors il est inutile de parler d'évolution, d'accumulation, de concentration spontanée, etc. Faites-la donc, la révolution, si vous en avez la force; mais,

1. M. A. Leroy-Beaulieu, dans l'article déjà cité, démontre que les grands ateliers et les grands magasins ne signifient pas toujours concentration de capitaux en quelques mains, parce que les compagnies ont souvent un grand nombre d'actionnaires. La majeure partie de la richesse mobilière en France appartient aux « petites gens ». La partie de la richesse nationale qui est prélevée par les grandes fortunes, tend partout à décroître : « Cette fragile aristocratie de l'argent, qui dans la plupart des États n'a pour rempart ni majorats ni droits d'aînesse, cette pseudo-féodalité, dépourvue de tout privilège légal, est minée incessamment par des agents de destruction plus nombreux et plus puissants peut-être que ceux qui ont détruit la féodalité guerrière. Le temps, au lieu de la grandir ou de la consolider, le temps l'use, la ronge par la base et par le sommet, par l'avilissement de l'argent et par le renchérissement de la vie... En même temps que les revenus des fortunes acquises baissent avec le rendement du capital, il devient plus difficile, même aux riches, d'accroître leur fortune par des emplois rémunérateurs des capitaux. L'argent rapporte moins, et, grands ou petits, les capitalistes ont plus de peine à récolter des écus... D'un bout à l'autre du monde civilisé, jusqu'en Angleterre, jusqu'aux États-Unis, le capital, sous toutes ses formes, tend à se répartir en un nombre de mains toujours plus grand... Il est mensonger que les riches deviennent plus riches et les pauvres plus pauvres ».

Il semble que la loi d'accumulation et concentration de Marx a eu le même sort que celle non moins fameuse de Ricardo, lequel, induit en erreur par l'état de choses de son temps, avait affirmé que le revenu du sol allait toujours en croissant.

pour ne pas éprouver une amère désillusion, sachez que, au lieu des quelques magnats du capital qui, selon vous, ont accaparé toute la richesse publique[1], et qu'il vous semblait si facile d'exproprier, vous aurez contre vous plusieurs millions de petits capitalistes. Dans vos rangs mêmes ils ne manqueront pas. « La cuisinière qui possède une ou deux obligations de la Ville, la concierge qui a souscrit une action du « Printemps », sont, en fait, des capitalistes ». Si vous leur refusez ce nom, il faudra indiquer le chiffre du capital donnant droit au titre de capitaliste. Si vous voulez le réserver, ce titre, uniquement à ceux qui ont suffisamment pour vivre sans être contraints au travail, « on obtiendra ce résultat bizarre, que les capitalistes ne possèdent qu'une fraction minime du capital[2] ».

Et alors, savez-vous en quoi consistera votre révolution? A socialiser les portefeuilles bien garnis de vingt ou trente riches, qui se laisseront surprendre à l'improviste!

Mais, en faisant cela, vous n'aurez encore rien fait pour réaliser le plan superbe du collectivisme.

1. Cette idée que les capitaux sont concentrés entre les mains d'un petit nombre de personnes, a pénétré aussi dans l'Église. On lit en effet dans l'Encyclique *Rerum novarum* de Léon XIII : « *Huc accedunt et conditio operum et rerum omnium commercia fere* IN PAUCORUM REDACTA POTESTATEM, *ita ut opulenti ac prædivites* PERPAUCI, *prope servile jugum infinitæ proletariorum multitudini imposuerunt* ».

2. A. Leroy-Beaulieu, article cité, p. 544.

Et alors, si vous continuez, vous verrez vos phalanges fort éclaircies, parce que s'il pouvait plaire au plus grand nombre de courir à l'assaut du million, la chose ira différemment quand il s'agira d'enlever à un nombre infini de citoyens le fruit de leurs épargnes.

Et tout cela sans la force morale et matérielle d'un gouvernement, puisque vous assurez que la nouvelle collectivité n'en aura pas besoin, et qu'il n'y aura ni ministres, ni gendarmes, ni soldats ! C'est stupéfiant ! En vérité, quand on voit que les hommes qui professent de semblables doctrines trouvent moyen de se faire écouter, on est obligé de reconnaître qu'il n'y a pas de limite à l'imbécillité humaine.

III

Les contradictions des socialistes sont aussi innombrables que les grains du sable sur lequel ils essayent d'élever leur édifice. Quant à nous, il nous suffit d'avoir démontré leur manque de logique sur les deux points principaux de leur méthode : la guerre qu'ils font au capitaliste, et la guerre qu'ils font à l'État.

Nous pourrions montrer après ceci quelle contradiction il y a entre l'idée de l'organisme social et celle de la lutte de classes, parce que, si l'on parle d'organisme, non par simple analogie, mais que l'on entend parler d'une chose vivante et réelle, comme l'enseignent Espinas et Schaeffle, on ne conçoit pas que les parties d'un organisme puissent être en lutte entre elles. Dans un corps organisé il ne peut exister d'autre lutte interne que celle qui tend à l'élimination d'éléments étrangers ayant pénétré dans le corps, sans avoir été assimilés par lui. Si les classes forment les parties ou les organes du corps social, il est nécessaire qu'elles agissent d'accord pour la conservation de celui-ci; mais l'une ne peut détruire l'autre sans que l'organisme en soit dérangé.

S'il s'agit d'une simple métaphore, alors les socialistes n'ont aucun droit de s'en prévaloir pour soutenir que la vie véritable réside dans la société et non dans l'individu, et qu'ainsi l'individu n'a de vie qu'autant qu'il est une molécule ou une cellule du corps social.

Mais nous n'insisterons pas sur tous ces arguments, pour montrer l'inconséquence de la doctrine socialiste. Il suffit de signaler simplement ces autres contradictions : les socialistes combattent le présent système économique au nom de la justice, tandis qu'ils veulent consommer la colossale injustice de l'expropriation [1], et ils prêchent la félicité universelle

1. Cette injustice fut la cause de l'insuccès des lois agraires proposées par les Gracques. On faisait alors la remarque suivante : « *Reduci plebs in agros unde poterat, sine possidentium ever-*

en commençant par atteindre ce résultat hyperbolique de produire le malheur certain de plusieurs millions de citoyens qui se trouveraient précipités, en un clin d'œil, du bien-être dans la misère.

sione, qui ipsi pars populi erant? ». A. Florus, *Epitome de gestis Romanorum*, livre III, chap. XIV.

Herbert Spencer démontre que si même on croit que la terre a été au début injustement divisée, rien ne prouve que les propriétaires actuels soient les descendants des usurpateurs. Il est prouvé au contraire qu'en Angleterre, « dans la noblesse, ils sont très peu nombreux, ceux dont les titres remontent aux temps des dernières usurpations, et qu'*aucun* titre ne remonte aux temps des usurpations primitives... Actuellement, nous n'avons plus affaire aux descendants de ceux qui injustement s'approprièrent la terre ».

D'autre part, il observe que « les non-propriétaires ne peuvent présenter aucune demande justifiée sur la terre dans son état actuel, sur la terre déboisée, drainée, clôturée de haies, fécondée, garnie d'habitations champêtres »; mais, en admettant la propriété commune de la terre, « ils pourraient seulement avoir droit à la terre telle qu'elle était à l'origine, ici rocheuse, là marécageuse, couverte de forêts, de ronceraies, etc.; celle-ci seulement appartiendrait à la communauté ». Herbert Spencer, *La justice*, appendice B : *La question de la terre*.

CHAPITRE III

LA MORALE DU SOCIALISME

I. — Absence d'idéal dans le mouvement socialiste révolutionnaire. — La question de l'estomac. — Exagération des agitateurs.

II. — La morale évolutionniste et le socialisme. — Stabilité des principes moraux dans les sociétés non civilisées.

III. — Mensonges des agitateurs. — Les jouisseurs oisifs.

IV. — Effets de la propagande socialiste. — Aveux de Proudhon.

I

Les grandes luttes de l'humanité, celles qui ont laissé des traces durables dans l'histoire en renouvelant les fondements des États, ont été constamment soutenues au nom de quelque haut principe moral, religieux ou politique.

C'est ce que l'on nomme « l'idéal ».

Les séditions de l'antique Rome monarchique et républicaine furent provoquées, elles aussi, par de nobles aspirations, par le sentiment de la dignité humaine, par le désir qu'avait une partie du peuple de participer aux charges et aux honneurs publics. On peut voir avec quelle altière satisfaction en parle l'historien : « *Verum in his ipsis seditionibus* PRINCIPEM POPULUM *non immerito suspexeris : siquidem nunc* LIBERTATEM, NUNC PUDICITIAM, *tunc* NATALIUM DIGNITATEM, HONORUM DECORA *et* INSIGNIA VINDICAVIT : *interque haec omnia nullius acrior custos quam libertatis fuit; nullaque in pretium ejus potuit largitione corrumpi*[1]. »

Il y aurait peut-être une ingénuité excessive à supposer que l'intérêt matériel ait toujours été complètement étranger à ces séditions; mais, certainement, ce ne fut pas sous ce drapeau que les plébéiens luttèrent contre les patriciens, jusqu'à l'époque des Gracques; quand l'avidité du gain et l'envie à l'égard des riches devinrent le principal mobile des luttes intérieures de Rome, la république déchut. Les séditions furent alors férocement réprimées, mais celles que couronna le succès ne purent rien changer aux conditions économiques de la population.

Tel fut pareillement le sort, chez tous les autres peuples anciens ou modernes, des soulèvements populaires où il ne s'agissait pas, comme dans la révolution de 1789, d'abolir des privilèges et de revendiquer des droits, mais où l'on tendait simplement,

1. A. Florus, livre I, chap. XXVI.

comme dans les jacqueries du XIVe siècle ou dans les guerres des anabaptistes du XVIe siècle, à la spoliation des riches ou à la destruction de tout l'ordre moral et économique de la société [1].

Et pareille chose adviendra de la révolution sociale préparée par les nouveaux socialistes, parce qu'il lui manque un idéal qui en soit l'étendard lumineux. Voilà ce qui nous fait si peu sympathiser avec le mouvement ouvrier de notre temps. L'homme n'a jamais idéalisé l'estomac [2]. Or, de l'aveu des socialistes mêmes, la question du travail n'est qu'une question d'estomac : *Die Arbeitfrage ist eine Magenfrage!*

1. « Pendant les quatorze années qui s'écoulèrent de 1521 à 1535, dit A. Sudre, cette secte a formulé tous les principes professés par le communisme et le socialisme modernes : réhabilitation de la chair et des passions; destruction de la propriété; communauté des biens; liberté illimitée; suppression de toute autorité répressive; proscription des lettres, des arts et des sciences, toutes ces doctrines se trouvent consignées dans les prédications des Storck, des Carlostadt et des Münzer, dans la profession de foi de Zolicone et dans le livre du Rétablissement. Il a été donné aux anabaptistes de les appliquer à Mulhausen, en Moravie et à Münster; et partout leurs tentatives ont abouti à des avortements, ou à des abominations sans exemple et à un despotisme monstrueux ». A. Sudre, *Histoire du communisme*, p. 145-146. 5e édition, Paris, 1856.

2. « L'élévation dont on parle doit être rapportée à la vie considérée dans sa plénitude et dans l'harmonie de ses facultés, et par conséquent aussi dans ce qu'il y a en elles de plus haut et de plus idéalement humain; non pas, bien entendu, comme le socialisme est accusé non à tort de faire, dans un sens purement économique ». Icilio Vanni, *La funzione pratica della filosofia del diritto*, p. 53.

Mais qu'est-ce au juste que cette question de l'estomac? Peut-être le besoin matériel de nourriture, dont serait privée la population ouvrière? Non, il ne s'agit pas de cela. L'ouvrier est aujourd'hui beaucoup mieux rémunéré qu'il y a trente ans. La condition même du paysan est généralement améliorée; en France, par exemple, à la fin du siècle dernier, elle était mille fois plus malheureuse. Le paysan, contraint aux corvées et soumis à toutes sortes d'impôts, souffrait souvent la faim et pouvait à grand'peine se nourrir de châtaignes, ou de blé de mauvaise qualité [1]. Les salaires des travailleurs se sont accrus presque universellement. L'augmentation, de 1857 à 1884, est calculée, en Angleterre, dans la mesure de 30 p. 100, et en comparaison de 1830, dans celle de 70 p. 100; or, à cette augmentation ne correspond point l'augmentation du prix des choses de première nécessité, dont beaucoup, au contraire, ont diminué. En France, les choses se sont à peu près passées de même : de 1853 à 1883, augmentation de 60 p. 100. En Italie, ceux qui se plaignent sont le commerçant et l'agriculteur, ce n'est pas l'ouvrier, dont le salaire, généralement accru, représente encore plus de valeur, grâce à la diminution des prix du blé, du vin et des autres produits. On a calculé qu'en 1887 il fallait quatre-

1. H. Taine, *L'ancien régime*, livre V, chap. I et II.

vingt-treize heures de travail pour acheter un quintal de blé, tandis qu'en 1863 il en fallait cent quatre-vingt-quinze. En Autriche, de 1850 à 1880, l'augmentation des salaires a été de 70 p. 100; on a remarqué la même proportion en Russie à partir de 1878, et en Espagne celle de 28 p. 100[1].

L'amélioration du sort de l'ouvrier fut démontrée par M. Gladstone à la Chambre des communes en 1864. Le professeur Fawcett, qui voulait le combattre, dut pourtant convenir que dans les vingt dernières années l'augmentation des salaires avait marché du même pas que l'augmentation du capital; il ajouta néanmoins que cette augmentation était neutralisée en grande partie (donc pas complètement) par l'augmentation des prix de certains objets nécessaires (sans indiquer lesquels)[2]. M. Enrico Ferri lui-même avoue que les travailleurs de « la période contemporaine de civilisa-

1. Cognetti de Martiis, *Il socialismo negli Stati Uniti di America*, p. 285-287, recueil de Boccardo, tome IX, 3e partie.

2. Les prévisions pessimistes de Karl Marx sur l'avenir des salaires ne sont donc pas justifiées. « Il ne s'agit plus seulement, disait-il, de réduire les salaires anglais au niveau de ceux de l'Europe continentale, mais de faire descendre, dans un avenir plus ou moins prochain, le niveau européen au niveau chinois ». Karl Marx, *Le Capital*, traduction française, p. 263. En attendant, l'augmentation du bien-être dans toutes les classes avait fait dire à M. Gladstone en 1863 : « *While the rich have been growing richer, the poor have been growing less poor* ». Et ce rapport a existé et existera toujours dans le monde, en dépit des socialistes.

tion bourgeoise ont, en somme, une existence physique et morale supérieure à celle des siècles écoulés[1] ».

M. Th. Ziegler, qui n'est pas collectiviste, mais qui ne dissimule pas ses sympathies pour certaines tendances socialistes, déclare que la fameuse « loi d'airain » des salaires est fausse, sous la forme générale qu'on lui a attribuée, car les faits démontrent que les ouvriers habiles peuvent faire atteindre à leur salaire un niveau très supérieur à celui qui est indispensable à la vie matérielle. Et il ajoute : « La preuve que ces ouvriers gagnent plus que le strict nécessaire, ce sont les sommes considérables qui sont versées chaque année dans les caisses d'épargne par les classes ouvrières; c'est tout leur régime de vie, et en particulier ce sont les annonces de divertissements et de plaisirs qui remplissent la quatrième page des journaux ouvriers. Par là est établi journellement ce fait, que le niveau du bien-être matériel s'est considérablement élevé dans ces classes[2] ».

Ainsi, sur ce point encore, les faits sont contre l'idée fixe de Marx et de Lassalle, de l'impossibilité que sous le régime capitaliste les classes ouvrières puissent améliorer leur condition économique, et

1. Enrico Ferri, *op. cit.*, p. 107.
2. Th. Ziegler, *op. cit.*, p. 140. — Voir aussi Rae, *op. cit.*, chap. VIII.

qu'au contraire les salaires soient en une décroissance constante.

Il est curieux d'observer comment, à toutes les époques, sous l'impression de quelques faits économiques advenus de leur temps, les écrivains se sont empressés d'ériger ces faits en des lois universelles, sans songer qu'ils pouvaient dériver de causes non permanentes, parce qu'ils n'étaient que l'effet de circonstances spéciales et locales. C'est ainsi que Malthus, ayant remarqué la rapide augmentation de la population en Angleterre et dans d'autres nations, et l'augmentation plus lente des produits de la terre, donna la formule de l'accroissement de la population en raison géométrique, et de l'accroissement des moyens de subsistance en raison arithmétique : loi dont l'inexactitude a été prouvée, et dont on pourrait même peut-être aujourd'hui, dans quelques pays, intervertir les termes. Et Ricardo, du fait que, de son temps, le prix des céréales augmentait et que celui des produits industriels diminuait, crut que ces deux progressions inverses continueraient toujours, tandis qu'aujourd'hui la première est en un sens tout à fait opposé.

Karl Marx, ébloui par les grandes richesses accumulées par quelques spéculateurs anglais et américains, jugea que dans un court laps de temps tout le capital des nations se trouvera concentré en un petit nombre de mains, tandis que, d'une part, dans ces dernières années ce mouvement de concentration s'est arrêté, et, de l'autre, le nombre des petits capitalistes est allé toujours croissant. Il soutint que la misère des travailleurs resterait invariable, tandis que dans beaucoup d'industries leur condition s'est s'améliorée. Enfin, M. Henry George commença à écrire en un moment (en 1877) où, par des causes accidentelles, par une de ces crises auxquelles toutes les nations sont sujettes, les salaires diminuaient dans les États-Unis d'Amérique; et le voilà alors qui se hâte d'affirmer que l'abaissement des salaires est constant, ce qui est absolument faux, parce que ces salaires, extraordinairement accrus dans le cours des cinquante dernières années, ne tendent plus à retourner à l'ancienne mesure, malgré l'énorme rabais des céréales.

La question d'estomac existe, je ne le nie pas, mais au lieu d'être une *question de faim*, elle n'est qu'une *question d'appétits*[1]. De même que, à la fin du

1. Le comte Léon Tolstoï, ayant visité un grand nombre d'habitations très pauvres de Moscou, n'y trouva qu'une seule femme qui disait n'avoir pas mangé depuis deux jours. On constata que presque personne n'avait un besoin urgent de secours. « Comme aussi parmi nous, dit-il, il y avait là des gens plus ou moins bons, plus ou moins méchants, plus ou moins heureux, plus ou moins malheureux. Leur malheur ne dépendait pas des circonstances extérieures; ils l'avaient en eux, de façon qu'on ne pouvait le soulager par un présent en argent ». Léon Tolstoï, *Que faire?*

dernier siècle, nous savons que l'ouvrier en Angleterre ne voulait pas se priver de gin, de thé, de fruits exotiques, de bière forte, de tabac, etc. [1], ainsi, de nos jours, l'ouvrier en tout pays prétend participer à toutes les jouissances matérielles. Il ne peut les satisfaire avec son chétif salaire, et c'est pour cette raison qu'il est malheureux.

Mais est-il plus malheureux que le modeste employé ou que celui qui, né dans une classe supérieure et accoutumé à la vie qu'on y mène, est contraint à se priver chaque jour de ce superflu qui, pour lui, représente le nécessaire?

L'homme du peuple souffre beaucoup moins que le petit bourgeois, parce que celui-ci a connu quelquefois les plaisirs du luxe, et que son éducation le met en mesure de les apprécier.

Du reste, la vie sociale a de tout temps obligé le pauvre à assister aux plaisirs du riche sans pouvoir en prendre sa part. C'est pour ce motif que les moralistes et les fondateurs de religions se sont constamment efforcés d'atténuer dans le cœur des misérables le sentiment de l'envie, de ne pas les irriter par d'humiliantes comparaisons, de montrer que dans toute situation sociale peut se trouver le bonheur, et que les riches ne sont pas toujours les plus heureux.

1. Karl Marx, *Le Capital*, traduction française, p. 263.

C'est ainsi que Moïse, descendu du Sinaï, défendait à son peuple le simple désir du bien d'autrui, et que les philosophes chrétiens, « s'efforçant de supprimer le sentiment de l'envie et d'unir les hommes de toutes les classes et de toutes les conditions par les liens du bienfait et de la gratitude, tandis qu'ils excitaient d'un côté les riches à *dare pauperibus quod superest*, exhortaient de l'autre les pauvres à sanctifier les tribulations de la pauvreté par la résignation[1] ».

C'était là la doctrine de l'amour. Les nouveaux socialistes y ont substitué la doctrine de l'envie et de la haine. Ils montrent la société divisée en deux camps : d'un côté, des prolétaires qui travaillent et ne jouissent pas; de l'autre, des propriétaires qui jouissent et ne travaillent pas. Et ils excitent les premiers à la lutte contre les autres, non pour que les premiers deviennent riches, ce qui est impossible, mais pour que les autres aussi deviennent pauvres, et qu'on réalise ainsi « l'égalité économique », — lisez « l'égalité dans la misère[2] ».

Les socialistes disent qu'ils veulent le bien de l'humanité; mais le mal qu'ils font, en attendant, est incommensurable. Lorsque, s'adressant à l'ouvrier et au paysan, ils comparent la situation de

1. Savarese, *op. cit.*, p. 52.
2. Voir Schulze-Delitsch, *Catéchisme économique*, édition citée, p. 733.

ceux-ci à celle des riches, ils les rendent certainement beaucoup plus malheureux. « La misère de ces pauvres gens, leur véritable misère, a commencé précisément du jour néfaste où, sans qu'on vous ait appelés ni désirés, vous êtes entrés dans leurs chaumières et avez feint de frémir ou avez frémi pour de bon, parce que dans ces chaumières vous trouviez des oignons et non des gâteaux, parce que dans ces chaumières vous ne rencontriez rien de ce superflu qui pour vous, corrompus de corps et d'âme, est désormais un besoin ; et jugeant par là ce que vous souffririez, vous autres asthmatiques et scrofuleux, si vous habitiez là dedans, si vous mangiez ces aliments et couchiez dans ces lits, vous êtes sortis épouvantés et avez crié à l'infamie de cette société qui permet tant de misère, et entre un saupiquet et un ragoût, entre un verre de vin de Porto et une coupe pleine de vin de Champagne, vous avez pleuré des larmes menteuses sur ces pauvres ilotes[1] ! »

Quand il s'agit ensuite de douleurs réelles et senties, ces apôtres, avec un manque complet de générosité, les ont irritées, en révélant au malheureux l'étendue de sa misère, en mettant à nu ses plaies, et en se gardant bien de les guérir, — parce que cette nouvelle espèce de philanthropes

1. N. Misasi, dans le journal le *Corriere di Napoli*, 28 août 1894.

n'admet pas la charité[1], — mais, au contraire, en versant dans ces plaies du vinaigre. Au lieu de lui dire que les riches aussi, dans leurs superbes palais, souffrent peut-être non moins que lui, parce que plaisirs et douleurs, besoins et désirs, tout en ce monde est relatif, ils lui ont affirmé mensongèrement que le luxe des riches est la cause de sa misère. Et de cet homme pauvre ils ont fait un méchant, en lui enseignant à envier et à haïr.

C'est ainsi que M. Prampolini prétend — en se basant sur on ne sait quelle statistique — que, dans l'organisme social, 90 pour 100 des cellules (c'est-à-dire des hommes) sont condamnées à l'anémie, uniquement parce que 10 pour 100 sont malades d'hyperémie et d'hypertrophie consécutive[2]. Or, ce « parce que » est absolument hors de lieu. L'anémie des quatre-vingt-dix cellules est peut-être vraie, mais il est certain qu'elle serait plus grande encore si les dix autres cellules n'étaient pas hyperémiées.

Mais ce que les socialistes veulent, bien plutôt

1. Voici ce qu'on lit dans un journal socialiste des plus modérés : « Nous disons que l'État moderne, comme la religion, tient à l'ignorance des autres classes; en conséquence nous le combattons. Nous disons à l'innombrabe multitude qui pleure : laissez les lamentations et les plaintes, dédaignez la charité et la bienfaisance, formes délictueuses et hypocrites, que la société moderne a adoptées pour vous tenir assoupis; relevez-vous, en vous proclamant hommes ».

2. Enrico Ferri, *op. cit.*, p. 123.

que la droite interprétation de la statistique et des phénomènes économiques, c'est former les âmes à la religion de la haine.

Voici, par exemple, l'aveu d'une femme qui n'a pu résister davantage à la nausée des méthodes socialistes :

« Déjà je commettais des crimes, donnant du pain aux femmes, aux enfants, aux vieux.... Et j'entends encore la voix aigre aux stridentes dissonances (il s'agit de M. Jules Guesde), formuler le doctrinaire reproche :

— *C'est de la trahison!* CES GENS SERAIENT DEVENUS DES RÉVOLTÉS.... VOUS EN FAITES DES RÉSIGNÉS! *Besogne anti-socialiste*[1]! »

II

A cet effet de la propagande socialiste, de substituer, chez le pauvre, le grincement au sourire, s'ajoutent d'autres effets encore plus désastreux.

1. Mme Séverine, dans *Le Figaro* du 14 juillet 1894. M. Jules Guesde est en guerre encore avec ces patrons philanthropes qui se sont opposés à l'excès de travail imposé aux enfants; il les appelle des « exploiteurs jésuites », parce que, dit-il, en laissant les enfants se développer librement jusqu'à l'âge de quatorze ans, et en n'exténuant pas leurs forces jusqu'à l'âge de dix-huit ans, les patrons auront à exploiter de plus robustes ouvriers ». Séance de la Chambre des députés français, 20 novembre 1894. *Journal officiel*, p. 1925.

La doctrine socialiste considère le christianisme comme une superstition dont il est nécessaire de guérir le peuple, le christianisme — en dehors de toute opinion sur ses dogmes — est une des forces morales les plus salutaires pour le peuple, parce que, comme l'a dit Balzac, il est un système complet de refoulement de tous les instincts mauvais. De plus, il élève l'esprit au-dessus des misères et des douleurs de la vie terrestre, qui, pour le croyant, n'est rien en comparaison de l'éternité. Le symbole de la croix enseigne à l'homme que la douleur est inséparable de l'existence humaine. L'idée de la miséricorde divine radoucit les cœurs, la vénération pour la Vierge les purifie. L'espérance n'abandonne jamais le chrétien, même dans les plus pénibles épreuves, dans les plus cruelles maladies.

Le temple, avec ses rites mystérieux, avec l'égalité de tous, les humbles comme les grands de la terre, devant un pouvoir supérieur et caché, lui offre un asile dans lequel il oublie ses maux. Son existence acquiert un but. La parole du prêtre lui fait goûter des joies spirituelles refusées au sceptique.

Mais le socialiste se complaît à jeter le mépris sur la religion et à enlever ainsi à l'homme pauvre et abandonné ses seules consolations morales[1].

1. Bebel déclare que dans le domaine qu'on appelle religieux, les socialistes soutiennent l'athéisme. Voir *Sitzung des deutsch-*

Là d'ailleurs ne s'arrête pas l'œuvre délétère du socialiste.

Sa doctrine n'admet aucun principe moral. Toutes nos idées morales — enseigne-t-elle — dépendent de l'organisation économique du moment. Ici encore je cite Bebel, pour que l'on ne puisse m'opposer de dénégations :

« De même que chaque degré du développement social a ses conditions particulières de production, ainsi il a également son code moral, qui est seulement l'image réflexe de son état social (lisez : économique). Est moral ce qui est conforme aux mœurs; et les mœurs correspondent à l'essence intime, c'est-à-dire aux besoins d'une période déterminée [1] ».

Et M. Enrico Ferri dit plus explicitement encore : « Morale, droit, politique, ne sont que des superstructures, que des répercussions de la structure

en Reichstages du 31 décembre 1881. Il promet cependant généreusement que « Dieu ne sera pas destitué », mais il ajoute : « Sans violence et sans oppression de quelque nature que ce soit, la religion disparaitra d'elle-même peu à peu ». Bebel, *La femme dans le passé, le présent et l'avenir*, traduction française.

Au point de vue des intérêts de leur parti, les socialistes n'ont pas tort. Comme l'a dit M. de Laveleye, « nulle doctrine n'est mieux faite que le matérialisme athée pour remplir le cœur des ouvriers de rage et de haine contre l'ordre social qui détermine leur condition, et c'est pour ce motif que les apôtres du bouleversement l'adoptent et la propagent ». Émile de Laveleye, *Le socialisme contemporain*, chap. VIII.

1. Voir l'opuscule cité, *Bebel und sein Evangelium*, p. 12.

économique, et varient avec elle d'un parallèle à l'autre, d'un siècle à l'autre[1] ».

Ceci, en apparence, s'accorde avec la doctrine évolutionniste; en réalité, la différence est grande. Sans doute, la morale progresse par évolution; seulement, quand elle a fait une conquête, elle ne l'abandonne plus. Voici ce qu'enseigne la morale positiviste par la bouche d'Herbert Spencer : « Le processus évolutif engendre des sentiments stables, parce qu'il y a des conditions stables de vie sociale ».

Et de même que des besoins sociaux spéciaux peuvent naître des formes temporaires du juste et de l'injuste, ainsi les formes permanentes de conduite engendrent des idées permanentes du juste et de l'injuste. « Or, personne ne voudra nier qu'il existe des formes permanentes de conduite; il suffit, pour en être persuadé, de comparer les codes de toutes les races qui ont dépassé le stade de la vie purement déprédatrice. La variabilité des sentiments moraux n'est que l'accompagnement inévitable de la transition qui conduit du type original de la société, adopté par l'activité destructive, au type non civilisé adopté par l'activité pacifique ».

Cela signifie, en langage plus populaire, que, par suite des conditions de vie des sauvages, des

1. Enrico Ferri, *op. cit.*, p. 94.

tribus nomades ou des *clans*, les violences, le vol, l'homicide ont pu être en certains cas tolérés et même encouragés par les mœurs de ces peuplades. Mais dès que la civilisation commença, ces cas allèrent en diminuant, et le progrès est plus ou moins sensible selon que, dans un pays donné, cette civilisation est plus ou moins avancée. Maintenant, le mot « civilisation » exprime une idée complexe, parce qu'elle embrasse tous les perfectionnements moraux et matériels de l'humanité; et cette conception ne peut se réduire aux seuls faits d'ordre économique, selon la doctrine socialiste, bien que ces faits soient entrés en ligne parmi les coefficients historiques de l'état de civilisation. Dans une société parvenue à un haut degré de civilisation, la mauvaise foi, l'impudicité sont universellement réprouvées, les délits sont plus sévèrement punis, et l'on admet moins facilement des cas d'impunité. Dans une société où une partie de la population est encore demi-barbare, comme dans quelques contrées méridionales de l'Europe, certains délits sont souvent considérés sans horreur, par exemple le meurtre commis par point d'honneur ou par jalousie, ou à la suite d'une provocation. Au contraire, dans les nations où la civilisation est plus répandue, avec toutes les idées morales qui lui sont connexes, on n'admet en aucun cas qu'un homme puisse ôter la vie à son semblable, sauf pour sa légitime défense. Cette idée sur le meurtre est celle de la civilisation à son plus haut degré de développement; elle devient donc une loi morale permanente, tant que la société se maintient dans cet état de progrès avancé, quels que soient la répartition de la richesse publique et les rapports entre le capital et le travail, — donc, indépendamment de l'économie publique.

Si ensuite la civilisation fait un pas en arrière, alors, avec le retour à la barbarie, les idées morales peuvent rétrograder, et la répugnance pour les délits devenir ainsi moindre.

Réciproquement, l'évolution ultérieure de la civilisation consiste en ceci, que certaines actions considérées aujourd'hui comme simplement choquantes, seront, avec l'accroissement de la sensibilité morale du peuple, considérées comme odieuses [1]. Mais les actions qui, dans une société civilisée où domine l'activité pacifique, ont été une fois considérées comme odieuses, seront toujours réputées telles dans l'avenir, tant que cette société continuera à être civilisée.

Il n'y a donc pas lieu ici de citer, comme l'a fait Bebel [2], le cannibalisme, qui est dans les mœurs de quelques tribus sauvages, ni l'esclavage, que les peuples anciens ne considéraient pas comme immoral.

1. A. Fouillée, *Revue des Deux Mondes*, 15 mars 1888.

2. Bebel, *La femme dans le passé, le présent et l'avenir*, traduction française.

D'autre part, il n'est pas exact de dire, comme le fait encore Bebel, que, dans le monde industriel contemporain, ce soit une chose « hautement morale de soumettre la femme à l'éreintement (*die Schinderei*) du travail nocturne, et de démoraliser les enfants par le travail des ateliers ». Il y a là une confusion inextricable d'idées. Si un patron, profitant de la misère d'un être quelconque, homme, femme ou enfant, le soumet inhumainement à un excès de travail qui puisse nuire à sa santé ou empêcher son développement, ce patron sera blâmé et décrié par toute personne honnête. Où Bebel a-t-il trouvé que la société moderne approuve la cruauté? N'a-t-on pas fait, au contraire, des lois pour empêcher l'exploitation des faibles, lois que les gouvernements ont le devoir de faire rigoureusement observer? Mais si un travail plus dur ou prolongé, par suite de la nécessité spéciale d'une industrie donnée, est choisi par l'ouvrier adulte et qui a le droit de disposer de lui-même, parce qu'il est plus largement rétribué, la morale n'a rien à voir à cela, et la liberté des contractants doit être respectée.

Quant à la morale domestique, le socialisme « scientifique » n'admet le mariage que comme une union libre pour laquelle il n'est pas même besoin de l'intervention d'un fonctionnaire public, et qu'on peut librement accomplir au gré des parties. Telles furent les unions sexuelles dans l'humanité des temps primitifs ; de sorte que, pour cette institution comme pour les autres, le socialisme voudrait nous ramener à un stade dépassé par la civilisation.

Bebel prétend que la femme ait des droits égaux à ceux de l'homme, qu'elle ne soit pas une simple machine à enfants, — et c'est là un souhait auquel on peut faire bon accueil. Mais ici le socialisme n'a rien à voir, parce que tout dépend des mœurs du peuple et du progrès de ses idées. Dans les États-Unis d'Amérique, la femme est complètement émancipée ; elle est pleinement libre de sa personne, peut exercer une profession quelconque, aspirer à chaque emploi, disposer comme elle l'entend de son cœur sans dépendre de sa famille et sans perdre le droit au respect d'autrui. Tout cela sans le socialisme, dans le pays individualiste par excellence.

On peut faire ici une assez curieuse remarque : le socialisme admet la liberté complète dans les seuls rapports où les individualistes limitent au contraire la liberté. Pour accorder leur idée libérale sur ce point avec les idées fondamentales du collectivisme, ils disent que le choix sexuel, non guidé par des considérations économiques, aura pour résultat d'amener une sélection des organismes les plus beaux et les plus vigoureux, d'où s'ensuivra une amélioration de l'espèce. Je me permets d'en douter, parce que rien ne prouve que la femme choisira toujours l'homme le plus sain et le plus robuste, et réciproquement. Avant tout, les vraies conditions physiologiques d'un individu sont souvent ignorées, et ses conditions pathologiques sont fréquemment dissimulées sous de belles apparences trompeuses. Thomas Morus voulait que les fiancés s'observassent dans l'état de complète nudité; mais il ne semble pas que cette proposition ait été reproduite jusqu'ici par les socialistes contemporains. Les anciens étaient au moins logiques... et pratiques. Il faut pourtant remarquer que même en suivant le conseil si amusant de Morus, les fiancés ne pourraient être rassurés qu'au point de vue esthétique; ils ne pourraient rien deviner des névroses : l'hystérie, par exemple, et l'épilepsie, dont les accès ont parfois de grandes intermittences. D'ailleurs, est-ce que le socialisme empêcherait, par hasard, les sympathies, si souvent mystérieuses, entre un être sain et bien conformé, et un autre être débile et maladif? Enfin, puisque le collectivisme ne supprimerait pas la diversité des professions, le mariage pourrait être décidé par des convenances professionnelles qui remplaceraient les convenances économiques actuelles; et la race n'y gagnerait peut-être rien.

Au reste, sur ce point du mariage, les socialistes italiens gardent le plus souvent un prudent silence. C'est ici qu'apparaît le caractère du méridional. La dernière chose dont celui-ci se priverait. c'est la possession exclusive de sa femme. En cette matière, il n'entend pas la plaisanterie. Que l'on règle le mariage comme on voudra, qu'on le simplifie jusqu'au point d'en abolir toute formalité, que l'on déclare pleinement libre l'union sexuelle, le méridional n'en sera pas moins toujours un mari jaloux et despotique.

Sa femme doit rester au logis, coucher avec lui et lui donner des enfants : voilà tout! Et si elle le trahit, il croit et croira toujours, tant que la civilisation n'adoucira pas ses mœurs, qu'il a le droit de la tuer.

Avec de semblables idées, la théorie de Bebel ne me semble pas destinée à obtenir chez nous de très grands succès. Voilà pourquoi les écrivains socialistes de notre nation négligent très volontiers de s'arrêter sur ce sujet.

« La terre en commun, c'est bien! Mais quant à la femme, doucement! ». Ainsi pensent-ils.

En attendant, il est facile de voir que le peuple auquel on prêche les maximes socialistes, s'habituera à ne plus respecter aucun principe de conduite.

Les « évangélisateurs » ont beau dire qu'ils n'approuvent pas les violences personnelles. Les masses auxquelles ils enseignent que la propriété est une usurpation commise au détriment des pauvres, commencent déjà à éprouver un sentiment de haine pour les « usurpateurs » qui causent le malheur de l'ouvrier, et à cela s'ajoutera une répulsion de moins en moins grande pour les attentats à leur propriété, et peut-être aussi à leur vie.

Car je ne sais comment on pourra éviter que l'homme du peuple fasse ce raisonnement : « Cette propriété, qu'on nous avait dit être chose sacrée, n'est au contraire que le fruit de la violence. Pourquoi donc devrais-je la respecter? Violence contre violence! »

N'en résultera-t-il pas que l'horreur du vol sera moindre, et que la honte en sera sentie moins profondément?

Il est certain que les socialistes ne conseillent pas les attentats contre les personnes et les propriétés individuelles. Mais il est certain également que les apôtres du socialisme se rendent parmi les ouvriers des ateliers et des campagnes; et dans les grandes occasions, c'est-à-dire dans les grèves, on voit accourir les députés socialistes pour encourager à la résistance, avant même de savoir qui a tort et qui a raison.

Voici à peu près comme ces gens-là parlent aux ouvriers des ateliers :

« L'argent ne produit pas de fruit dans l'ordre naturel. La valeur est créée uniquement par *votre* travail. Mais, de cette valeur, le capitaliste prend pour lui une part. Donc le capitaliste *vous vole* et vit splendidement et oisivement, parce que vous autres, pauvres diables, vous lui cédez gratuitement une part de ce qui est *à vous* ! »

Aux paysans ils disent ensuite :

« La terre, dans l'ordre naturel, est comme l'air et la lumière : la propriété de tous. Quelques hommes rapaces l'enlevèrent un jour à *vos* pères et la divisèrent entre eux. Les successeurs de *ces usurpateurs* prétendent aujourd'hui que vous travailliez pour eux. De cette façon, ils ne cessent d'engraisser; vous autres, vous restez toujours misérables ».

Comment est-il possible, après de semblables discours, prononcés avec la rhétorique facile à imaginer, par des hommes qui savent parler, qui souvent sont députés ou professeurs et qui ne craignent pas, dans le milieu où ils se trouvent, d'être contredits, — comment est-il possible que l'ouvrier et le travailleur du sol ne commencent pas à haïr le patron, et que le respect de la propriété ne diminue pas dans le peuple?

Oui, sans doute, il n'y a pas dans la doctrine

socialiste de chapitre intitulé : « La réhabilitation du vol [1] ».

Il n'en reste pas moins vrai que cette réhabilitation est le résultat indirect, mais inévitable, de la prédication socialiste dans le prolétariat, parce que, comme le dit énergiquement Maxime du Camp, « quiconque, à propos de réformes économiques sociales, a prêché autre chose que le travail et l'épargne, a menti, a développé les instincts mauvais chez ses auditeurs et les a disposés à tomber dans la violence des revendications qui se traduisent par le meurtre, le pillage et la destruction : c'est là une vérité que l'histoire explique à chaque page [2] ».

1. Dans la séance de la Chambre des députés français du 19 juillet 1894, M. Jules Guesde tenta d'écarter du parti socialiste toute responsabilité dans les attentats anarchiques. Il lui fut répondu par la lecture d'un de ses opuscules, où il disait que la terre étant un bien donné par la nature à tous les hommes, comme l'air et l'eau, les propriétaires fonciers devaient être considérés comme usurpateurs et dépouillés de leurs biens *sans indemnité*. « Voilà le lien! s'écria un député ». M. Guesde ne put répondre qu'en distinguant entre le vol dans l'intérêt privé, et la spoliation violente dans l'intérêt collectif. Mais Ravachol aussi avait assassiné un vieil ermite pour le voler, non dans son propre intérêt, mais dans l'intérêt de la cause!

A propos d'assassinat, il y avait là un autre député socialiste dont j'aime mieux taire le nom, lequel, comme MM. Guesde et Avez, disserte aujourd'hui sur le collectivisme, et qui en 1871, dans le *Journal officiel* du 28 mars, demandait un homme de bonne volonté pour assassiner le duc d'Aumale, disant que c'était là un acte de justice et de nécessité. — Voir Sernicoli, *L'anarchia e gli anarchici*, tome II, p. 139. Milan, 1894.

2. Maxime du Camp, *Les convulsions de Paris*, tome III, p. 158.

III

L'effet direct ensuite, celui qui est inévitable et dont il est par conséquent inutile que les socialistes déclinent la responsabilité, c'est une plus grande convoitise du bien d'autrui et une plus grande envie du pauvre à l'égard du riche, convoitise et envie qu'ils excitent constamment dans leurs prédications et conférences, en comparant la misérable condition du travailleur opprimé à la vie heureuse de l'exploiteur oisif.

Car voici leur tactique constante : présenter aux pauvres le tableau de la société divisée en deux classes : — exploiteurs oisifs et travailleurs exploités, c'est-à-dire propriétaires qui ne travaillent pas, et prolétaires qui travaillent au profit des premiers.

Or, représenter les propriétaires comme une classe de jouisseurs oisifs, ce n'est pas seulement un mensonge, c'est une véritable mauvaise action de la part des socialistes.

Déjà le peuple n'est que trop enclin à croire que les « messieurs » ou les « bourgeois » sont une classe de gens absolument oisifs.

L'homme du peuple ne peut pas comprendre ce qu'est la fatigue intellectuelle. Tout ce qui ne réclame pas un effort musculaire ou une habileté spéciale des mains, ne mérite pas, selon lui, le nom de travail. Vous aurez beau dire que vous êtes resté dix heures assis à votre bureau. Votre travail, il ne le voit pas ; il a seulement vu que pendant dix heures vous êtes resté assis, un livre devant vous, sans faire aucun effort matériel; donc, selon lui, inoccupé.

L'homme du peuple ne peut se faire une idée de ce que c'est que l'effort de l'esprit, ni quelle continuité de labeur, quel exercice antérieur de beaucoup d'années implique le plus modeste article littéraire dont l'orthographe, la grammaire et la syntaxe sont correctes.

Il voit les « bourgeois » devant la table d'un café, et s'imagine facilement qu'ils y passent toute leur journée. Il ne se dit pas que, peut-être, ils vont chercher là une heure de repos ou de tranquillité, après être restés toute la matinée enfermés dans un bureau d'administration publique ou de banque, où bientôt ils devront aller reprendre la plume, pour ne plus la quitter jusqu'au soir.

De nos jours, dans les classes bourgeoises, qui est-ce qui ne travaille pas? L'adolescent se trouve le plus souvent dans un collège, sous une discipline de fer. Le jeune homme ne peut s'ouvrir un chemin dans le monde, sans compléter ses études et subir de nombreux et difficiles examens. Il travaille ainsi jusqu'à vingt-quatre ou vingt-cinq ans sans rien gagner. Et alors, s'il entreprend une carrière quelconque, la concurrence l'oblige encore à un travail incessant et fébrile. Il est possible qu'avec de la persévérance il réussisse, et que finalement il gagnera plus que l'ouvrier manuel; — seulement, les gains de celui-ci avaient commencé dès ses treize ou quatorze ans.

Quant au propriétaire foncier, s'il ne veut assister à son appauvrissement graduel, il faut bien qu'il passe sur ses terres une partie de l'année pour diriger et surveiller les travaux agricoles. Et le commerçant, le fabricant, ne sont-ils pas, eux aussi, incessamment occupés? Le seul qui puisse s'abstenir de travailler est celui dont l'unique revenu consiste dans les intérêts et dividendes d'actions d'une société industrielle ou d'une banque. Mais celui-là est, à chaque instant, exposé à perdre tout ce qu'il a. Et ses actions, acquises souvent sur le tard, représentent l'activité de toute sa vie, le fruit de trente ou quarante années de travail.

Pour M. Guesde, il est injuste que l'actionnaire jouisse des bénéfices des chemins de fer, sans avoir jamais placé de ses mains même un rail. Mais M. Goblet lui répond : « Cela est vrai, mais si cet actionnaire n'a pas travaillé à la construction de la voie ferrée, il a pourtant travaillé *ailleurs*. L'avocat qui a étudié un procès, le médecin qui a soigné les malades, l'artiste, le sculpteur, l'artisan, le petit commerçant, le maçon qui, ayant fait une épargne sur le produit de son travail, a pu acheter une action, — tous ces gens-là n'ont-ils pas travaillé, peut-être? »

En apparence, beaucoup de jeunes gens de familles aristocratiques ne travaillent pas. Il est cependant plus exact de dire qu'ils ne font aucun travail productif pour *eux-mêmes*, mais ils travaillent également, et c'est au profit des autres.

En effet, ces *gentlemen* « oisifs » sont généralement adonnés au *sport*, — chasse, navigation, équitation, escrime, ou aux voyages, ou au dilettantisme dans les arts. Et leur activité, improductive pour eux-mêmes, fournit des occupations profitables à un nombre immense de personnes [1].

1. M. Nitti est bien près de me foudroyer, à cause de ces idées. Il m'accuse d'hérésies économiques. Comment! — s'écrie-t-il — « celui qui joue au *foot ball* fait la fortune d'une famille! » Il ajoute que Bastiat *lui-même* (!) n'a jamais rien dit de semblable. Je ne me souviens pas de ce qu'a pu dire Bastiat à cet égard. Ce que je sais, c'est que M. Nitti fait une singulière confusion entre l'*économie politique* et l'*économie domestique* ou *privée*. Sans doute, le peintre-amateur qui donne ses tableaux pour rien au lieu de les vendre, ne fait pas de bonnes affaires. Aussi n'ai-je pas prétendu qu'il faisait la fortune de sa famille. Mais est-ce qu'il a moins travaillé pour cela, ou est-ce que la fortune publique va en souffrir? Quant à l'activité des *sportsmen*, qui est *en certains cas* un vrai travail et pourrait avoir de la valeur, n'est-il pas vrai en tout cas que, grâce à eux, nombre de personnes vivent bien plus largement et commodément que si elles étaient au service d'un entrepreneur? Supposons que les grands parcs seigneuriaux soient exploités par des compagnies de chasse. Les piqueurs, palefreniers et valets seraient-

En dernier lieu, si dans les classes bourgeoises il y a des hommes absolument oisifs, est-ce qu'il ne s'en rencontre pas de semblables dans le bas peuple? Ces vagabonds que le professeur Benedikt croit neurasthéniques, ne les trouve-t-on pas dans chaque couche sociale?

Or, les socialistes qui savent tout cela, et qui pourtant déclament constamment contre les « bourgeois », dont l'unique occupation serait de bien digérer leurs délicieux dîners, laissent ainsi, de mauvaise foi, le peuple dans une fausse idée, ou plutôt, grâce aux vives couleurs qu'ils donnent au tableau et aux conséquences qu'ils en tirent, ils rendent les masses impatientes de ce qui leur semble, à elles, une injustice sociale révoltante.

Un autre mensonge des évangélisateurs socialistes est l'affirmation qu'ils ont commencé à mettre en avant dans leurs missions rurales.

En un pays comme la France, qui renferme huit millions de propriétaires fonciers, le prédicateur socialiste qui parlerait de l'abolition de la propriété individuelle, n'aurait probablement pas beaucoup de succès dans les campagnes.

ils aussi bien nourris et logés au service de la compagnie, qu'ils le sont aujourd'hui chez de riches seigneurs? Le personnel ne serait-il pas obligé à un travail plus rude et moins intermittent? Même chose à dire pour un *yacht* privé, etc. M. Nitti a donc vraiment tort de jeter de si hauts cris.

Aussi M. Jules Guesde commence-t-il maintenant à annoncer le nouveau verbe avec quelque légère variante. « Le collectivisme, dit-il, conserverait les petits propriétaires, ceux qui cultivent eux-mêmes leur terre [1] ».

La mauvaise foi est ici évidente. Le collectivisme ne signifierait donc autre chose que la défense d'avoir une propriété qui dépasse une mesure donnée ? Mais alors, ou le citoyen Guesde ne sait pas ce que veut dire le mot « collectivisme », ou il ment effrontément, pour se faire applaudir par les petits propriétaires ruraux.

Et cela lui a été reproché en termes vifs à la Chambre par son collègue M. Bouge, auquel il ne sut pas donner de réponse concluante [2].

Le collectivisme limité à la grande propriété est encore plus absurde — si l'on peut dire — que le collectivisme universel, et, d'autre part, l'effet n'en

1. Déclaration faite au Congrès de Nantes du mois d'août 1894, où l'on décida de répandre dans les campagnes des opuscules renfermant les dogmes du socialisme. — Voir aussi Deville, préface au *Capital* de Marx, p. 59-60.

2. « Vous tronquez, vous dissimulez vos doctrines selon les milieux et les besoins de votre cause. Dans les centres démagogiques, devant les ouvriers des villes, vous montrez quelque franchise, vous dites que c'est à la propriété tout entière que vous vous attaquez, que vous voulez la détruire sous toutes ses formes; et vous dites ensuite aux petits propriétaires, aux paysans dont vous voulez calmer les défiances en éveil, que la grande propriété est le but exclusif de vos attaques, et que vous respectez la petite ». *Journal officiel* du 20 novembre 1894.

serait que temporaire, parce que la grande propriété renaîtrait au bout d'un court laps d'années, comme cela est toujours arrivé quand on a prétendu empêcher par des lois l'extension de la propriété au delà d'une mesure déterminée; ainsi les fameux 500 arpents de la loi Licinius-Sestia, et les nouvelles divisions du territoire, en portions déterminées, comme à Sparte. Mais même pendant les quelques années que durerait l'administration socialiste des grandes propriétés, la population ne ferait qu'en souffrir. Tandis qu'on ne saurait comment en répartir les fruits sans commettre de graves injustices, l'effet certain serait celui-ci : que la destruction des grandes fortunes ferait vite périr un grand nombre d'industries de luxe, produisant ainsi une immense misère dans les classes ouvrières. Pour être persuadé de cela, il suffit d'observer ce qui est arrivé en Italie par l'effet de la crise agraire commencée il y a environ dix ans, et qui a réduit à la moitié ou à un tiers les revenus des propriétaires fonciers. Le malaise où se sont trouvés les riches les a contraints à une rigoureuse économie. Les beaux-arts en ont souffert; et avec eux tous les autres arts créés par le besoin de plaisirs raffinés et intellectuels.

IV

Les effets pernicieux de la propagande socialiste se laissent déjà manifestement apercevoir. Il suffirait, pour éclairer la conscience publique, d'en signaler un seul : celui d'avoir contribué — quoique involontairement — à l'expansion de la secte anarchiste.

Que les anarchistes ne soient que des socialistes manqués, cela me paraît évident. Je ne parle pas de l'anarchisme théorique qui veut l'individualisme porté à l'extrême et se trouve, conséquemment, en opposition décidée avec le socialisme collectiviste ou communiste, tout en étant moins contraire que celui-ci à la nature humaine [1].

Mais quant aux fanatiques de l'anarchie, à ceux qui lancent les bombes dans les réunions aristocratiques par haine des « messieurs », à ceux qui tuent les chefs d'État parce qu'ils personnifient le régime « bourgeois », sont-ils les fils de l'anarchie théorique, ou du socialisme révolutionnaire qu'on prêche dans les ateliers et dans les taudis des paysans? Ils peuvent être les fils de l'une ou de l'autre, parce que les deux doctrines s'accordent en ceci, qu'elles veulent la destruction de l'ordre social présent.

1. L'anarchisme a et aura toujours, en théorie, une supériorité sur toutes les autres conceptions socialistes : celle d'être naturel et non artificiel ». Sernicoli, *op. cit.*, tome II, p. 62.

Voici, par exemple, le programme de la secte anarchique connue sous le nom d'Association internationale de la Lunigiana[1] :

« Nous voulons détruire l'autorité, parce qu'elle est la cause de toute oppression, de tout abus, et y substituer l'anarchie.

« Nous ne voulons ni maîtres *ni la faculté d'en choisir*! Nous haïssons autant la tyrannie couronnée que celle en bonnet rouge...

« Nous abolirons la religion, parce que, avec son Dieu, outre qu'elle est la base de toute autorité, elle hébète l'homme et le rend docile, esclave, résigné à chaque avilissement, à chaque insulte, elle renie la raison et prostitue la dignité humaine.

« Nous annulerons la famille légale, qui, avec ses sentiments égoïstes, est vraiment la prison et la galère du cœur.

« Nous lui substituerons la grande fraternité nouvelle, l'amour étendu et sublime pour l'humanité entière.

« Nous emploierons toutes nos forces à abolir le mariage, cette prostitution légale... Nous lui préférerons l'amour libre, l'union libre entre homme et femme.

« Nous ne voulons plus de propriétaires...

« Nous nous déclarons internationalistes, c'est-

1. Publié par le procureur du roi Meomartini dans le journal *Il Mattino* de Naples.

à-dire communistes, anarchistes, révolutionnaires dans nos moyens et fins. Nous prenons parti pour l'action maintenant et toujours, et tenons pour inutiles, et même nuisibles, les moyens pacifiques en vue d'atteindre notre juste but. La lutte violente, la révolution, est notre unique méthode.

« Le poignard, le fusil, la dynamite sont nos représentants ; les barricades, notre parlement.

« Nous sommes athées, et pour cette raison ne voulons pas de serment ».

Or, l'abolition de la propriété et de la famille se trouve précisément dans le programme de Bebel et compagnie, et avec elle la haine des gouvernants et des maîtres. On n'y rencontre pas l'appel à la violence immédiate[1], ni la préparation des barri-

1. Je dis violence immédiate, parce que le socialiste actuel n'exclut pas la violence, *quand ce sera le cas.* En voici un exemple très éloquent :

« L'*Eco del Popolo,* qui n'est pas l'organe de quelque fanatique sans notoriété et sans sectateurs, mais au contraire le porte-voix des chefs de ce Conseil national du parti socialiste qui actuellement, au nom de Turati, réclame pour lui les droits de la légalité, publie des dialogues expressément écrits à la bonne franquette, afin qu'ils arrivent plus facilement à l'oreille et à l'intelligence de ceux auxquels ils s'adressent.

« Un de ces petits dialogues, qui ont lieu entre Bertoldo et Bertoldino, porte avant tout ces titres qui sont suffisamment éloquents :

— *Ce qu'est la révolution. — Elle est déjà commencée. — Pourquoi nous ne faisons pas de fusillades. — Comment on prépare la victoire.*

Bertoldino. — Tu entends. Révolution veut dire changement. Mais changement jusque dans les fondations. Quand les pay-

cades; on y trouve au contraire la préparation d'une révolution sociale à exécuter par des moyens légaux, — *tant que cela sera possible*, — et tendant à une reconstitution différente de la société.

sans, par leur résistance, commencent à exproprier le patron, ils commencent ainsi la révolution, ou le grand changement *qui consiste à détruire le privilège du patron*. Jusqu'à présent ils se tenaient pour contents de ce que le patron leur laissait; à partir de maintenant ils prennent tout ce qu'ils ont peu à peu la force de prendre, jusqu'à ce qu'ils s'emparent de tout. Mais probablement, avant d'abandonner tout, le patron recourra à toutes les armes; et il y aura encore un moment où l'on tentera d'user de la force pour résister aux paysans. *Ce sera alors le moment des coups de fusil.* Vilaine chose, *mais inévitable.* Tu comprends donc bien que les coups de fusil entrent dans la révolution, comme le fromage dans la soupe; mais de même que le fromage n'est pas la soupe, ainsi les coups de fusil ne sont pas la révolution. La révolution est l'*abolition de la propriété privée de la terre et des autres moyens de travail* obtenue par ceux qui ont intérêt à l'obtenir, c'est-à-dire par les travailleurs. *Une ligue de résistance, une grève, une élection, sont donc aussi révolutionnaires que l'est une barricade.* Tout ce qui a pour but d'affranchir le travailleur du parasitisme capitaliste, tout ce qui sert à détruire ce parasitisme, est révolution.

C'est pourquoi je t'ai dit tout à l'heure, et maintenant je viens de te démontrer, que les travailleurs, en se levant pour organiser aujourd'hui la résistance contre les patrons, ont déjà commencé à faire la révolution.

Bertoldo. — Tu m'as dit il y a un instant qu'on en viendrait un jour au branle-bas. Ne vaudrait-il pas mieux y venir tout de suite, *comme disent les anarchistes*?

« Et Bertoldino répond que le moment n'est pas actuellement propice pour les coups de fusil. On y viendra quand les socialistes auront fini de s'organiser solidement.

« Voici la conclusion :

« Nous devons être rusés, et ne pas accepter la bataille tant que nous ne serons pas sûrs de vaincre.

« En attendant, préparons la victoire en donnant des idées aux naïfs travailleurs, en leur montrant quelle est la cause de leur

En attendant, l'ouvrier, soit qu'il écoute l'anarchiste, soit qu'il écoute le socialiste, en retire toujours le même enseignement de haine pour les classes supérieures et pour les autorités qui en protègent les droits.

Maintenant, comment peut-on prétendre que des hommes incultes comprennent les limites d'un programme, fassent des distinctions et s'arrêtent à un signal, après avoir été excités, enivrés, poussés au mépris de la loi et à la violence?

« Le même principe de la lutte de classes, une fois entendu de travers, puisqu'il est affirmé comme programme de parti, est celui qui arme le bras de l'individu anarchiste. La lutte de classes n'est pas suffisante, par l'organisation, à procurer la victoire; que l'on organise alors la lutte individuelle. Chaque bourgeois est un ennemi, puisqu'en chaque bourgeois se reconnaît la bourgeoisie, l'ordre actuel de choses; et chaque bourgeois est condamné par la haine aveugle et irrationnelle de l'anarchiste. Dans cette cause objective, comme dans la cause subjective de l'état d'âme des anar-

misère, et en les habituant à rester unis entre eux, à ne se confier que dans leurs propres forces et à combattre la classe bourgeoise.

« Il me semble que c'est là ce qu'on appelle parler clairement ».

R. Alt, dans le journal *Il Mattino* de Naples, 29-30 octobre 1894.

chistes, réside l'explication de chaque crime commis par ces derniers : de l'attentat contre le ministre Stambouloff à l'attentat contre le président Carnot ou contre le journaliste Bandi[1] ».

D'ailleurs, s'il est vrai que, quand un anarchiste commet un assassinat, les socialistes déclarent le fait réprouvable, il n'est pas moins vrai qu'ils prennent peu de part à la commotion et à l'indignation du public ; ils se hâtent plutôt d'y jeter de l'eau froide.

Ainsi, quand après la mort de M. Carnot le parti « Les travailleurs italiens », de Milan, publiait une déclaration de blâme contre ce crime, il n'omettait pas d'exprimer également dans ce document sa vive haine contre l' « exploitation bourgeoise ». Les socialistes observaient que, dans le même temps où M. Carnot périssait, il se produisait dans les mines d'Autriche et d'Angleterre des explosions de grisou qui coûtaient la vie à quelques centaines d'ouvriers, et que, « quelque déplaisir que puisse causer la mort d'un aussi honnête homme que M. Carnot », un événement de ce genre n'est pourtant pas comparable à la somme de douleurs qui frappa 467 familles. La mort de tant d'ouvriers — ajoutait-on — n'est l'œuvre volontaire de personne, mais elle est « indirectement l'effet du capitalisme individuel, qui, pour augmenter les revenus,

1. Fabio Luzzato, dans le journal *La Tribuna* du 9 juillet 1894.

économise les dépenses d'armement technique des mines, ne diminue pas les heures de travail, ne prend pas toutes les précautions préventives, etc.[1] ».

Remarquons, entre parenthèses, que les heures de travail n'ont rien à faire avec les explosions de grisou. Quant aux précautions préventives, il faudrait, avant d'accuser les directeurs des mines, savoir si elles ont été réellement négligées. Les fuites de gaz sont d'ailleurs un danger permanent des mines, et l'explosion peut résulter aussi, et résulte souvent, de l'imprudence des ouvriers eux-mêmes. Les mineurs savent bien que dans leur métier on court ce risque, comme les marins courent le risque des tempêtes. Mais qui assure M. Enrico Ferri que, sous le régime socialiste, on aurait plus de prévoyance, et que l'administration collectiviste serait moins avare que la société propriétaire des mines? Tous les citoyens ne seraient-ils pas actionnaires à un certain degré, et n'auraient-ils pas tous un intérêt de premier ordre à limiter les dépenses, afin que leurs parts, déjà fort maigres, ne se trouvent pas réduites de jour en jour?

1. Enrico Ferri, *op. cit.*, p. 145. — Le Dr Letourneau a écrit : « Poignarder un homme, lui prendre sa bourse ou en empoisonner un grand nombre dans des usines,... ce sont là des actes parfaitement comparables ». Mais M. Yves Guyot lui répond : « Si M. Letourneau veut supprimer toutes les professions qui ne sont pas destinées à produire des centenaires, quelle est celle qui restera? »

Pour revenir aux attentats des anarchistes, on voit, par l'exemple rapporté plus haut, que les socialistes ne perdent même pas ces occasions de représenter les propriétaires de la façon la plus odieuse. En prenant argument de l'exemple même, on pourrait dire que, si les actionnaires des mines sont indirectement responsables des explosions de grisou, les agitateurs socialistes ont, de leur côté, une responsabilité non moindre, quoique également indirecte, dans les attentats des anarchistes; du reste, la façon même dont ils les réprouvent est de nature à diminuer dans le peuple l'horreur pour l'assassinat.

Quoi qu'il en soit, ceci est certain : s'ils n'applaudissent pas aux violences commises sur les particuliers ni aux révoltes partielles, c'est-à-dire celles qui se produisent avant qu'ils aient donné le mot d'ordre, ils veulent cependant que les ouvriers s'unissent, dès à présent, pour la révolution sociale.

Mais que pourra-t-elle être cette révolution, sinon une affreuse guerre civile? Elle tend, selon eux, à un renouvellement universel qui produira le bonheur de tous. Mais ce sont là des idées, et rien ne prouve jusqu'ici que l'humanité doive se trouver mieux sous le régime des « corvées » que sous celui de la liberté. D'ailleurs, même s'il était démontré que l'humanité y gagnerait quelque chose, l'effet premier, certain, inévitable, serait le malheur et le deuil d'une moitié au moins de la population. Du moins, atteindrait-on le but? Le collectivisme pourrait-il surgir de cette insurrection générale des prolétaires? Qui le sait? Les expériences historiques laisseraient prévoir le contraire. Il est certain qu'elle serait horrible, la période par laquelle on devrait passer. « Entre les rêves et la réalité révolutionnaires, — dit Maxime du Camp, — il y a un abîme plein de sang et d'immondices ».

Ce même Proudhon qui avait, le premier, trouvé la formule paradoxale : « La propriété c'est le vol », fut aussi le premier à s'épouvanter de ceux qui, prenant au sérieux ses doctrines économiques non destinées à la place publique, se faisaient une arme de cette phrase pour bouleverser la société. Il voulut « s'en laver les mains », il prononça son *nescio vos*, et dans un jour de clairvoyance il écrivit :

« La révolution sociale ne pourrait aboutir qu'à un immense cataclysme dont l'effet immédiat serait de stériliser la terre, d'enfermer la société dans une camisole de force; et s'il était possible qu'un pareil état de choses se prolongeât seulement quelques semaines, de faire périr par une famine inopinée trois ou quatre millions d'hommes. Quand le gouvernement sera sans ressources; quand le pays sera sans production et sans commerce; quand Paris affamé, bloqué par les départements ne payant plus, n'expédiant plus, restera sans arrivages; quand les ouvriers, démoralisés par la politique des clubs et le chômage des ateliers, chercheront à vivre n'importe comment; quand l'État requerra l'argenterie et les bijoux des citoyens pour les envoyer à la Monnaie, quand les perquisitions domiciliaires seront l'unique mode de recouvrement des contributions; quand la première gerbe aura été pillée, la première maison forcée, la première église profanée, la première torche allumée, quand le premier sang aura été répandu, quand la première tête sera tombée, quand l'abomination de la désolation sera par toute la France, oh! alors vous saurez ce que c'est qu'une révolution sociale : une multitude déchaînée, armée, ivre de vengeance et de fureur; des piques, des haches, des sabres nus, des couperets et des marteaux; la cité morne et silencieuse; la police au foyer des familles, les opinions suspectées, les paroles écoutées, les larmes observées, les soupirs comptés, le silence épié, l'espionnage et les dénonciations; les réquisitions inexorables, les emprunts forcés et progressifs, le papier-monnaie déprécié; la guerre et l'étranger sur la frontière, les proconsulats impitoyables, le Comité de salut public, un comité suprême au cœur d'airain : voilà les fruits de la révolution dite démocratique et sociale. Je répudie de toutes mes forces le socialisme, impuissant, immoral, propre seulement à faire des dupes et des escrocs. Je le déclare, en présence de cette propagande souterraine, de ce sensualisme éhonté, de cette littérature fangeuse, de cette mendicité, de cette hébétude d'esprit et de cœur qui commence à gagner une partie des travailleurs. Je suis pur des folies socialistes [1] ! »

Et beaucoup de siècles auparavant, on avait écrit ceci :

« *Non enim ibi consistunt exempla unde cœperunt, sed quamlibet, in tenuem recepta tramitem, latissime evagandi sibi viam faciunt;* ET UBI SEMEL RECTO DEERRATUM EST, IN PRAECEPS PERVENITUR; *nec quisquam sibi putat turpe quod alii fuit fructuosum* [2] ».

1. Maxime du Camp, *Les convulsions de Paris*, tome III, p. 137-175.

2. Velleius Paterculus, *Historiae romanae libri duo*, livre II, chap. III.

CHAPITRE IV

LA CIVILISATION DU SOCIALISME

I. — L'appel des socialistes au prolétariat. — La triade douloureuse : dépossédés, inoccupés et expropriés. — Les sentiments philanthropiques de la plèbe.

II. — Effets de la substitution des classes inférieures à la bourgeoisie dans le pouvoir politique, par rapport à la civilisation. — La Commune. — La littérature et les beaux-arts sous le règne des prolétaires. — Le publiciste ouvrier. — Enfantillages de Malon et de Bebel.

III. — La propriété héréditaire au point de vue de la sélection. — L'inégalité intellectuelle dans la civilisation. — L'aristocratie française de l'ancien régime. — La propriété individuelle héréditaire est aujourd'hui la garantie unique de la culture nationale. — Les socialistes hygiénistes : plus de maladies.

IV. — Les collectivistes en guerre avec l'histoire. — Bénéfices moraux du luxe.

V. — Les tendances anti-sociales des socialistes.

I

Les nouveaux socialistes soutiennent que la société « bourgeoise » passe par sa phase critique, la phase dernière de son évolution, et qu'elle est proche de sa fin.

Ils disent que cette bourgeoisie devra sous peu céder le pouvoir, et ils souhaitent qu'elle donne l'exemple de « la même dignité et respectabilité dont l'aristocratie a donné et donne la preuve dans sa dépossession subie comme classe, par le fait de cette même bourgeoisie triomphante dans la Révolution française[1] ».

J'ai montré, dans les premières pages de ce livre, qu'il n'y a pas de comparaison possible entre la révolution politique de 1789[2] et la révolution sociale désirée par les disciples de Karl Marx, laquelle tend à détruire tout ce qui a été acquis dans l'ordre juridique par l'effet de l'évolution sociale de centaines de siècles; cette seconde révolution serait au contraire dans la plus complète antinomie avec la première, reniant tous les principes et annulant tous les droits de l'individu reconnus et proclamés par celle-ci[3].

Je ne vois donc pas pourquoi la bourgeoisie devrait se soumettre en imitant dignement l'aristocratie détruite par elle. Et d'ailleurs, l'aristocratie fran-

1. Enrico Ferri, *op. cit.*, p. 167.

2. En disant la « révolution de 1789 », je me conforme, par brièveté, à l'usage commun de déterminer par cette date le mouvement qui, commencé par les réformes du XVIIIe siècle en Autriche et en Italie, par la guerre de la sécession d'Amérique et par la révolution française, produisit, dans la première moitié de ce siècle, les nouvelles constitutions politiques de l'Europe.

3. Voir Yves Guyot, *Les principes de 89 et le socialisme.*

çaise se soumit-elle? Peut-être. Les nobles montaient à l'échafaud en criant : « Vive le roi! »; ceux qui purent échapper à la guillotine luttèrent les armes à la main, et, à l'époque de la Restauration, obtinrent des indemnités pour les expropriations subies et recouvrèrent aussi une ombre de pouvoir politique par la création de la Chambre des pairs. Du reste, en Angleterre, en Autriche et en Hongrie, il existe encore une aristocratie politique. En Russie et en Prusse, la noblesse conserve quelques privilèges. En Italie elle avait, à la fin du siècle dernier, perdu toute importance politique, et l'abolition des fiefs, loin de lui faire subir aucun préjudice dans l'ordre économique, améliora plutôt sa situation. Mais, dans la révolution sociale, comment peut-on prétendre que les hommes envisagent d'un œil calme la confiscation de tout ce qu'ils possèdent? Et quelles pourraient être leur « dignité » et « respectabilité » dans la misère à laquelle ils seraient condamnés?

Laissons maintenant le côté juridique et le côté économique de la question, pour nous placer à un point de vue différent.

Les socialistes disent que les classes supérieures actuelles sont sceptiques, fatiguées et corrompues; qu'on ne peut attendre d'elles aucun progrès, parce qu'elles n'ont pas la foi et se renferment dans le plus sordide égoïsme. La rénovation sociale — et c'est là aussi l'opinion des socialistes qui ne prennent pas parti pour l'utopie collectiviste — doit venir des classes inférieures, optimistes, pleines de foi et d'énergie[1].

Ainsi, ils attendent des classes les plus basses la restauration de la moralité publique et le progrès social. Pour ce motif les socialistes poussent les prolétaires à l'union, espérant que ceux-ci conquerront les pouvoirs publics et pourront rappeler à une vie nouvelle, par un souffle régénérateur, l'humanité fatiguée.

« La grande classe du prolétariat avec sa triade douloureuse : celle des *inoccupés* parmi les travailleurs ; des *dépossédés*, parmi la petite bourgeoisie ; des *expropriés*, dans la petite propriété, — cette grande classe déterminera par son organisation politique, au crépuscule du XIXe siècle ou à l'aube du XXe, un ordre social répondant mieux, dans la réalité et non seulement en apparence, aux exigences de la justice sociale et de la solidarité humaine[2] ».

Que le prolétariat s'empare du pouvoir politique, cela n'est pas impossible, depuis que les gouvernements ont eu la naïveté de lui en aplanir la voie à

1. Voir par exemple M. Nitti, dans l'article à mon adresse publié sous ce titre : *Ce que l'on doit faire. Il Mattino* de Naples des 3-4 février 1894.

2. Enrico Ferri, *Collettivismo e individualismo*, dans le journal *Don Chisciotte* du 18 mars 1894.

l'aide du suffrage universel. Déjà on observe en beaucoup d'endroits un fait absolument contraire à l'affirmation de M. Loria, que l'électorat ne se soustrait jamais à l'influence des classes possédantes; au contraire, dans les grands centres industriels, l'influence politique se trouve souvent dans d'autres mains que dans celles des capitalistes. Et déjà il devient difficile au chef d'un grand atelier d'être élu conseiller municipal de son propre village [1].

On voit croître dans les parlements le nombre des bourgeois déclassés, et déjà on y trouve quelques ouvriers en blouse [2]. Sans doute, ils ne formeront, de longues années encore, qu'une très petite minorité. Mais les jacobins, par exemple, n'étaient-ils pas en minorité, quand, en 1793, ils s'imposèrent par la violence à l'Assemblée et mirent la Gironde en accusation? La crainte et l'indécision sont toujours deux grands auxiliaires de l'audace du petit nombre. Et quand l'émeute hurle aux portes de l'Assemblée, si le gouvernement se trouve en des mains débiles et irrésolues, le parti qui a préparé la révolte est sûr de remporter la victoire.

La « triade douloureuse » des inoccupés, des

1. A. Leroy-Beaulieu, *Le règne de l'argent. Revue des Deux Mondes*, 1er juin 1894.

2. Pendant que je revois ces lignes, j'apprends que dans les dernières élections générales en Italie, un ancien portefaix — très brave homme du reste — a été élu député à Milan.

dépossédés et des expropriés, pourra donc un beau jour s'emparer du gouvernement, comme cela est dans les vœux des socialistes. Voyons si la morale publique et la civilisation auront lieu de s'en réjouir.

Les paysans doux et honnêtes de Berquin, ou gracieux et gentils comme ceux de Watteau, dès qu'ils eurent les mains libres, s'empressèrent d'incendier les châteaux et d'en tuer les habitants. La populace de Paris qui s'était insurgée au nom de la liberté et de la fraternité, établit la plus dure et la plus cruelle tyrannie dont on ait mémoire, et offrit pendant quelques années à l'Europe le spectacle de massacres froidement préparés et systématiquement accomplis. Finalement le tiers état, qui devait substituer ses jeunes énergies à une aristocratie déchue et dégénérée, montra au centuple les défauts et la corruption de celle-ci.

Tirerons-nous cette fois notre salut des couches les plus basses de la société? Mais qu'est-ce qui pourrait nous faire concevoir une telle espérance?

Si l'on considère ce qui constitue le principal frein de conduite, — le sentiment de l'honneur, — on ne pourra nier que, plus on descend, plus ce sentiment est faible ou rare. Le dramaturge allemand Hermann Sudermann nous a dépeint, avec un pinceau d'artiste psychologue, une famille ouvrière dont les aspirations tendaient à voir une de ses filles devenir la maîtresse d'un homme riche[1]. Les parents de la jeune fille étaient absolument incapables de comprendre combien il était peu honorable pour eux de recevoir des présents de la part de ce jeune homme. Ils facilitaient cette liaison, convaincus d'agir au mieux des intérêts de leur fille, qu'ils aimaient beaucoup, et ne pouvaient concevoir pourquoi le frère de celle-ci, qui avait reçu une meilleure éducation, prétendait faire restituer les cadeaux et congédier l'amant.

Nous ne parlons pas de cette dégénérescence du sentiment de l'honneur dans certains groupes du bas peuple, qui se manifeste par des violences et ne répugne pas au crime. Nous ne savons que trop que, dans notre pays, les *camorristes* ont leur point d'honneur; les sanglantes vengeances préméditées, les coups de rasoir par lesquels on marque la joue des jeunes filles, les homicides pour acquérir de la célébrité ou monter en grade, en sont les plus lamentables effets. Mais ici il s'agit d'une secte de malfaiteurs, et il serait inexact d'étendre ces mœurs à une classe entière de la population. Il est cependant à noter que, dans les bas-fonds, ceux qui ne sont pas violents sont généralement lâches, parce qu'ils se soumettent sans murmurer à la domination de quelques-uns. Du reste, dans les couches inférieures de toute société, la force s'impose comme elle s'im-

1. Hermann Sudermann, *Die Ehre* (L'Honneur), comédie en cinq actes.

posait quand l'humanité tout entière était dans l'état de barbarie. Un poing robuste est toujours respecté dans les classes populaires; au poing, la populace des pays méridionaux ajoute le couteau, son meilleur argument.

Est-il ensuite nécessaire de montrer que l'instinct de probité et la délicatesse vont toujours en diminuant, à mesure que l'on descend l'échelle sociale? Bagehot a dit : « S'il y a quelque chose en quoi les hommes diffèrent, c'est la finesse et la délicatesse de leurs intuitions morales... Nous n'avons pas besoin, pour nous en assurer, de faire un voyage jusque chez les sauvages; parlons seulement aux Anglais de la classe pauvre ou à nos propres domestiques, et nous serons suffisamment édifiés. Les basses classes dans les pays civilisés, comme toutes les classes dans ceux qui ne le sont pas, sont évidemment dépourvues de la partie la plus délicate de ces sentiments que nous désignons dans leur ensemble par le nom de sens moral [1] ».

Et ne cite-t-on pas dans les journaux, pour leur extrême rareté, sous le titre d' « actes de probité », la restitution à leurs propriétaires d'objets trouvés par des gens du peuple?

Le sentiment de bienveillance aussi est plus rare dans les basses classes. Il est facile de remarquer la

1. H. Bagehot, *Lois scientifiques du développement des nations*. p. 128-129. Paris, 1873.

façon rude et grossière dont les gens du peuple ont coutume de parler entre eux. Leur pitié envers les enfants, les vieillards, les estropiés et les malades, est des plus minces et assez rare. Les femmes sont souvent victimes de mauvais traitements et de brutalités. Ah! ce ne sera certainement pas le règne des prolétaires qui affranchira de leur joug les femmes du peuple! Ce ne sera certainement pas l'administration communiste qui dépensera pour les asiles, les hospices et les hôpitaux, une partie du produit des travailleurs! Les sauvages nomades n'abandonnent-ils pas les malades sur la route, et ne tuent-ils pas parfois les vieillards, pour qu'il n'y ait pas de bouches inutiles?

La philanthropie est un produit tardif de l'évolution morale, et se trouve conséquemment dans cette partie supérieure de la société où l'évolution est en progrès; beaucoup moins dans celle où elle est en retard, c'est-à-dire dans les classes inférieures. Je ne crois donc pas que ce sentiment aurait un large champ d'expansion dans une société régie par le principe que le produit appartient en entier aux travailleurs.

On reproche à la bourgeoisie son égoïsme; mais celui du bas peuple n'est-il pas plus grand, avec cette différence qu'il est plus cynique et plus effronté? On n'a qu'à lire *La puissance des ténèbres* de Tolstoï ou *La Terre* de Zola, ces tableaux tristement réels des convoitises et des passions égoïstes des paysans, auxquels font pendant ces descriptions vivantes de la corruption ouvrière, *L'Assommoir* et *Germinal*.

Quant à l'organisation politique imaginée par le peuple, elle est toujours des plus tyranniques. Je ne rappellerai ni les démocraties antiques ni les révolutions de France. Mais on peut à n'importe quel moment faire cette expérience, dès que l'on donne une existence juridique et un pouvoir quelconque à une association de travailleurs; il suffit de citer comme exemple les « syndicats » constitués en France par la loi inconsidérée de 1884, et qui exercent sur les travailleurs non associés une intolérable oppression, souvent accompagnée de vrais abus de pouvoir[1]. L'homme du peuple est comme l'enfant, qui entend toujours la liberté pour lui, jamais pour les autres.

II

La substitution d'une classe à une autre, que les socialistes hâtent de leurs vœux, n'est en réalité que la substitution de la partie la plus vulgaire et la plus grossière de la société à celle qui a eu la bonne fortune de recevoir de l'éducation et de l'instruction.

1. Yves Guyot, *Les principes de 89 et le socialisme*, p. 86-94. — Voir aussi L. Fiorentini, *Socialismo e anarchia*, p. 98-99.

Inutile de répondre à ce sujet par le niais et ennuyeux refrain : « S'ils sont grossiers et ignorants, c'est vous qui les avez rendus tels! La faute en est à la société marâtre! etc. »

Autant vaudrait accuser la société des inégalités physiques des individus, et lui reprocher d'avoir permis que l'un soit laid, difforme, aveugle ou stupide, tandis que l'autre réunit toutes les meilleures qualités physiques et intellectuelles.

Mais en admettant même que la société soit responsable de la grossièreté d'une partie des citoyens, que pourrait-on logiquement en conclure, sinon la nécessité de relever le niveau moral et intellectuel du peuple? Pourquoi devrait-on, au contraire, abaisser le niveau de la classe supérieure?

Comment est-il possible de radoter au point de croire que le remède sera indiqué précisément par ces gens incultes et grossiers qu'il s'agirait d'améliorer?

Tout le mal, disent-ils, vient de la misère.

Cela n'est pas complètement vrai; mais admettons que cela le soit. Qu'en résulterait-il? Est-ce que le socialisme enrichirait tous les citoyens? Personne n'y songe. On ne tend qu'à l'égalité économique, avec laquelle on espère qu'il n'y aura plus aucun être absolument privé du nécessaire. Les vœux des plus optimistes ne vont pas au delà de ceci : que chaque ouvrier — c'est-à-dire chaque citoyen — puisse gagner mille livres par an, c'est-à-dire environ trois livres par jour! (Que l'on me pardonne de ne pas m'exprimer en langage collectiviste; j'agis ainsi pour éviter les circonlocutions qui deviendraient nécessaires par l'abolition de la monnaie).

Il y aura l'égalité de l'éducation, qui sera donnée à tous par la collectivité. Très bien. Mais puisqu'un des points fondamentaux du collectivisme, c'est que chacun, du moins dans la première période de son existence, soit obligé au travail manuel, on ne sait pas comment pourraient se développer les aptitudes aux œuvres de l'intelligence; en outre, l'instruction gratuite départie à tous ne pourrait être que très limitée, et l'effet le plus sûr en serait celui-ci : tous égaux dans l'ignorance.

Sans doute, sous le régime collectiviste on ne devra étudier que les choses strictement nécessaires aux métiers que l'on y exercera; il ne pourra donc exister que l'instruction professionnelle. Toutes les études classiques, historiques et philosophiques disparaîtront immédiatement, parce qu'elles représenteront un luxe odieux de culture qui, comme tout autre luxe, devra subir l'ostracisme. Et déjà les socialistes invoquent cette transformation de culture et grincent férocement des dents contre le grec et le latin. Le poète Mario Rapisardi chante :

> Moi, pour sauver de la misère un homme,
> Je donnerais l'*Iliade* et le Vatican;

sans réfléchir — comme on le lui a observé — que l'*Iliade* et le Vatican ont donné et donnent encore à vivre à bien des milliers de personnes.

Les beaux-arts non plus ne pourraient subsister. On a beau dire qu'ils seraient maintenus au profit du public. De quel public? De la grande masse du peuple privée d'éducation artistique? L'administration collectiviste aurait à pourvoir à bien d'autres besoins qu'aux besoins esthétiques d'un petit nombre de personnes. Elle s'empresserait sans doute de rayer les beaux-arts du nombre des métiers officiels.

Et ainsi, tout ce qui élève l'esprit, tout ce qui nous éloigne pour un moment des soucis de l'existence matérielle, tout cela disparaîtrait nécessairement dans le collectivisme.

La civilisation a eu pour effet de donner du prix au travail intellectuel, dont elle est le produit et par lequel elle subsiste, en le récompensant en une plus large mesure dans les sciences, les professions libérales, les lettres, les beaux-arts, les emplois publics. Le collectivisme, en égalant le travail intellectuel au travail manuel, détruirait toute impulsion, toute excitation à la vie de la pensée, par laquelle la société humaine se distingue des agrégations animales. La société qui est l'aspiration des socialistes ne serait différente de la nôtre qu'en ceci : c'est que dans cette dernière il y a des riches, des pauvres, des savants et des ignorants, tandis que dans la première il n'y aurait que des pauvres et des ignorants.

En attendant, tous les efforts des socialistes ont pour but que le pays soit représenté par ces derniers et que le gouvernement tombe entre leurs mains. Alors, disent-ils, on sentira une haleine de vie nouvelle... Une haleine, oui, mais de vin et d'eau-de-vie!

On a déjà vu plus d'une fois en quelle estime un gouvernement d'illettrés tient les trésors artistiques et les mémoires historiques; et l'on a vu aussi quels sont les critériums d'une administration venue de bas.

Dans la Commune de 1871, les généraux étaient pour la plupart des repris de justice; les magistrats, des cordonniers, des coiffeurs ou des boulangers. On put craindre un moment la fin de la langue française écrite, tant l'orthographe était devenue fantaisiste. Il faut lire Maxime du Camp pour se faire une idée de l'ineptie absolue de ces gens-là, qui, dans leur passage au pouvoir, n'eurent qu'un but : se donner du bon temps [1].

Tandis que les chefs de la Commune, au lieu de penser à établir le régime socialiste, passaient leurs soirées en ripailles, ou, pour se distraire, ordon-

1. « Les vainqueurs ne se mirent en frais d'imagination que pour prendre le vin, pour prendre les filles, pour boire, pour manger, pour s'amuser tout leur soûl; un d'eux, plus franc que les autres, l'a dit : pour faire la noce! » (Maxime du Camp, *Les convulsions de Paris*, tome IV, p. 7.

naient la fusillade de quelques centaines de prêtres et de gendarmes qu'ils avaient fait arrêter comme otages, ou préparaient l'incendie de quelque édifice historique, de quelques archives, de quelque galerie de tableaux et d'antiquités, leurs maîtresses, en habiles ménagères, se préparaient à la fuite prévue et inévitable, mettant en sûreté, hors des palais où elles s'étaient installées, argenteries, tentures, étoffes, linge, tout ce qui avait pour elles quelque valeur. Peut-être alors les « illuminés du socialisme » comprirent-ils que « leur théorie, dont se repaissait leur esprit relativement cultivé, devenait entre les mains des ignorants, des jouisseurs, des envieux et des méchants, un prétexte à tous les forfaits que la guillotine punit et que le bagne réprime ». Quand ils virent Paris en proie aux flammes, Malon s'arracha les cheveux de désespoir, Jourde éclata en larmes, et Vermorel, montrant ses compagnons, dit : « J'aime mieux être fusillé par les Versaillais, que d'être condamné à vivre avec de pareilles crapules [1] ».

On dira que ces exemples ne doivent pas être allégués, parce qu'on était en révolution. Mais un gouvernement aux mains d'hommes sans culture ni éducation, soutenu par la faveur inconsidérée de la

1. Maxime du Camp, *Les convulsions de Paris*, tome III, p. 256-257.

Cela n'empêcha pas plus tard Malon de célébrer les louanges de la Commune. Voir la note suivante.

place publique, ne tend-il pas à perpétuer l'état de révolution, que seuls une violente réaction ou le césarisme peuvent faire cesser ?

Ce qui est certain, en tout cas, c'est que, dans les deux époques où la plèbe de Paris a eu la domination absolue, en 1793 et en 1871, elle n'a su se choisir qu'un gouvernement de fripons ou d'hommes atteints de manie homicide. Marat, Collot d'Herbois, Hébert, Chaumette, pour ne citer que les plus connus [1], en font foi pour la Commune de 1793, et, pour la Commune de 1871, Eudes, Rigault, Ferré, Fenouillat, et autres compagnons du même acabit.

Du reste, l'histoire de l'Europe, du ve au xiiie siècle, nous montre, par analogie, ce qui adviendrait dans le monde, si les classes inférieures parvenaient au pouvoir.

Au iiie siècle de l'ère chrétienne, il existait en Europe, en Asie et en Afrique, un empire colossal qui avait répandu en tous lieux une civilisation dont on admire aujourd'hui encore les prodigieux monuments littéraires, artistiques et juridiques, et à

1. Pour les socialistes, 1793 « ne fut qu'une heure de rêve! » Une heure qui dura dix-huit mois! Un *rêve* de sang et de désolation! Quant à 1871, ce fut « une héroïque insurrection prolétarienne » qui provoqua « un irrésistible élan de sympathie et d'admiration! » (Malon, *op. cit.*, p. 185, 196, 197). Où donc? Peut-être dans le monde des malfaiteurs. Cela seul est probable.

laquelle il ne manquait que les chemins de fer et l'électricité, pour égaler et peut-être dépasser la civilisation de l'Europe à notre époque.

Le rouage de l'empire romain une fois détruit par les Germains, pourquoi la civilisation a-t-elle péri avec lui? Les grandes voies nationales, les écoles, les bibliothèques, les thermes, les théâtres ne pouvaient-ils donc continuer à subsister sous les nouveaux souverains francs, lombards, goths ou saxons? Les communications entre les diverses cités et le commerce entre les nations ne pouvaient-ils donc poursuivre leur cours?

Comment expliquer la barbarie et l'anarchie médiévales sans la grossièreté et l'ignorance des conquérants?

La même fin atteindrait inévitablement la civilisation moderne, si la domination tombait aux mains des prolétaires, lesquels assurément, sous le rapport intellectuel, ne sont pas supérieurs aux barbares antiques, et leur sont de beaucoup inférieurs sous le rapport moral. Une fois les nations dépecées en lambeaux, chaque district, ou province, ou commune, se renfermerait dans son cercle étroit. Les chemins de fer seraient bien vite abandonnés, les télégraphes abattus, et la littérature et les beaux-arts, désormais méprisés, disparaîtraient au bout de quelques générations.

Le collectivisme resterait un rêve, et le monde

retomberait dans un état d'anarchie infiniment pire que celui du moyen âge, parce qu'alors, au moins, il y avait des groupes fortement constitués et des hiérarchies qui s'opposaient en partie à la désagrégation des États [1].

Il est impossible que les socialistes ne comprennent pas ceci ; s'ils sont de bonne foi, rien de plus stupide que l'appel qu'ils font aux classes pauvres, pour qu'elles s'unissent afin de réformer la société. « D'où arriveront les nouveaux barbares? Allez dans les sombres quartiers des grandes villes, et vous verrez leurs hordes! Comment pourra périr la science? Les hommes cesseront de lire, et les livres serviront à allumer des incendies ou à faire des cartouches ». Tel est le cri d'alarme poussé par un socialiste, Henry George [2]; un socialiste qui espère, grâce à son livre, réformer le monde, mais qui, du moins, ne fait pas appel à la convoitise et aux passions de la populace, et ne désire pas que les sauvages blottis dans les cavernes des grandes villes acquièrent le pouvoir.

1. « Barbares de l'intérieur, ils peuvent passer sur la civilisation actuelle comme une horde de Mogols; ils peuvent emporter tout l'édifice social dans leur torrent; mais ce dont je les défie, c'est de féconder le sol qu'ils auront désolé... Du cataclysme qu'ils entrevoient dans leur cauchemar, ils ne pourraient même pas faire naître un droit permettant à un corps social de vivre, de se maintenir et de se développer ». Yves Guyot, *Les principes de 89 et le socialisme*, p. x.

2. Henry George, *op. cit.*, p. 629.

Après cela, on ne peut que sourire amèrement de l'illusion de l'homme de la Commune qui attend de l' « héroïque prolétariat » la réalisation de son *collectivisme intégral.* Malon s'imagine que dans une cité socialiste, les arts, les lettres et les sciences fleuriront librement. Les poètes, les artistes, les savants auront une existence assurée, parce que la société pourra prélever sur le produit national autant qu'il faudra pour les besoins des hommes de mérite reconnu (reconnu par qui?). Ou bien, d'après un autre projet, dans une société où il n'y aura plus d'oisifs, la journée de travail étant très courte, de quatre heures peut-être, le lettré et l'artiste pourront satisfaire à l'obligation du travail sans se fatiguer; et après cela, — comme dit Renard, — « sa tâche achevée, et elle pourra être manuelle, pour ne pas fatiguer l'esprit, rien n'empêchera le peintre de se mettre à ses tableaux, le poète de rythmer sa pensée, le mathématicien de se plonger dans ses problèmes ».

Ainsi, conclut Malon, le socialisme, loin d'être la fin de la littérature et de l'art, en serait « en quelque sorte la conservation et l'humanisation ». Seulement, les jouissances esthétiques ne seraient plus le privilège de quelques-uns; tous en auraient leur part [1].

1. Malon, *op. cit.*, p. 137. — Bebel dit à peu près les mêmes niaiseries (*La femme dans le présent*, etc.), ajoutant qu'il n'y aura

Je m'imagine le publiciste obligé à rapiécer des souliers ou à nettoyer des chaudrons pendant quatre heures; et ensuite, pourvu qu'il ait accompli sa journée de travail, laissé libre d'écrire ce qui lui plaît aux heures de récréation; — ou, selon l'autre système, le même publiciste affranchi de l'obligation du travail manuel et entretenu, comme un « poète lauréat », aux frais du public, pourvu, naturellement, qu'il écrive des choses qui plaisent à ses maîtres, c'est-à-dire aux artisans qui le payent.

Mais, dans cette seconde combinaison, je crains bien que le pauvre écrivain ne soit vite remercié, à moins qu'il ne se mette à composer des chansonnettes populaires, et à les chanter lui-même, en les accompagnant sur la harpe!

Pouvons-nous croire que les maçons, les portefaix et les décrotteurs goûteront les traductions de Sophocle et d'Horace ou les commentaires sur le Dante, quand nous voyons que, dans notre classe même, les finesses de la littérature, les atticismes, l'ironie, les allusions voilées, l'humorisme subtil, ne sont appréciés que par un nombre très restreint de personnes! Au rebours, ce qui divertit ou enthousiasme le peuple nous laisse en général froids, les

plus de différence entre les intelligents et les imbéciles, entre les courageux et les fainéants, entre les gens cultivés et les non-cultivés, et qu'un ouvrier qui vide les fosses d'aisances est utile à la société, tandis qu'un professeur d'histoire et un théologien lui sont des plus nuisibles.

grosses plaisanteries qui le font rire à gorge déployée nous font souvent l'effet de pitoyables stupidités.

Dans la Rome antique, les prolétaires, qui dominaient dans les théâtres, où ils avaient leur entrée gratuite, y faisaient, durant le spectacle, une rumeur comparée par Horace au mugissement du vent à travers une forêt ou à celui de la mer en proie à la tempête.

..... Quae pervincere voces
Evaluere sonum, referunt quem nostra theatra?
Garganum mugire putes nemus, aut mare Tuscum,
Tanto cum strepitu ludi spectantur...

De plus, ils interrompaient souvent la représentation des tragédies, pour réclamer l'entrée des ours ou des lutteurs [1].

En vérité, je n'envie pas le sort du poète collectiviste entretenu aux frais du peuple. Ni les promesses les plus explicites de Malon, ni même celles de Bebel, pour parler franc, ne me décideraient à accepter cette place [2].

1. Horace, *Épîtres*, livre II, I, *Ad Augustum.*

2. Quant à l'estime dans laquelle les ouvriers tiennent le travail intellectuel, rien de plus instructif que le compte rendu suivant d'une séance du Congrès socialiste de Francfort, en date du 22 octobre 1894 :

« Dans la séance d'aujourd'hui on a discuté la question de la direction du parti. On a présenté quelques propositions relatives à la diminution des appointements des rédacteurs de

J'ai parfois comme une espèce de remords du temps gaspillé à rapporter ces enfantillages, qui ne méritent pas même l'honneur d'une réfutation. Mais quand je vois qu'ils occupent de gros volumes et que ce sont ces idées-là qui poussent les prédicateurs du socialisme, il me semble qu'il n'est pas superflu de les faire connaître aux hommes de bon sens qui entendent vaguement parler de « socialisme scientifique », pour qu'ils soient renseignés sur l'espèce de science au nom de laquelle quelques fanatiques agitent aujourd'hui la société.

journaux et autres employés du parti, de façon que leur traitement *maximum* ne dépasse pas trois mille marks.

« Bebel combat ces propositions. Il dit que les socialistes aspirent à obtenir les meilleures conditions pour les ouvriers. Or, si ceux-ci ne voulaient pas rétribuer leurs ouvriers de la plume en proportion de leur travail, les rédacteurs abandonneraient leurs places, au cas d'adoption de cette proposition, parce qu'ils toucheraient de plus gros appointements dans les journaux bourgeois.

« Quelques autres délégués, parlant à ce sujet, disent que le parti socialiste est le parti des pauvres ouvriers, qu'on doit être économe de l'argent des ouvriers, et qu'*il n'y a pas de distinction entre le travail matériel et le travail intellectuel.*

« Poursuivant la discussion sur les salaires des employés du parti, on émit une motion de blâme contre les établissements du parti installés avec luxe, spécialement contre celui de la rédaction du journal *Vorwaerts* ».

III

Les lois faites par des hommes sages, comme Solon, pour les républiques antiques où n'existait pas, ou bien avait été détruite, l'aristocratie de sang, ne permettaient pas au prolétariat de s'emparer du pouvoir politique. A Athènes, jusqu'au changement de la constitution par Clisthène, il y eut quatre classes de citoyens, et la dernière, qui embrassait tous les non-possédants et portait le nom de « mercenaire », était exclue de tous les emplois publics et même du service militaire. A Rome, dans les comices par tribus, les prolétaires ne disposaient que de la neuvième partie des votes, et ce système dura jusqu'à la fin de la liberté romaine. Les prolétaires ne pouvaient donc en aucun cas changer à eux seuls l'organisation de l'État; toute leur importance consistait à renforcer l'un ou l'autre des partis en lutte.

Et cependant les sociétés antiques avaient l'institution de l'esclavage, par suite duquel les métiers les plus bas et les plus durs n'étaient pas même exercés par des prolétaires. C'est pourquoi le niveau du prolétariat antique devait être quelque peu supérieur à celui du prolétariat contemporain.

Aujourd'hui, pour le moins en Europe et dans

presque toute l'Amérique, ce sont des citoyens libres, possédant même souvent le vote politique, qui travaillent dans les champs et dans les mines, qui nettoient les ports, qui brisent les roches, pavent les voies de communication et transportent les fardeaux, qui balayent les rues des villes, ou qui sont au service des riches.

Ces humbles occupations auxquelles, dans le monde antique, étaient destinés les esclaves, mettent nécessairement une partie de la population dans une condition intellectuelle de beaucoup inférieure à celle des hommes qui exercent des professions où prédominent l'adresse et l'esprit.

Le système musculaire des premiers étant maintenu en une continuelle activité, il s'ensuit que, quand la mauvaise alimentation ou les fatigues excessives ne détruisent pas leur santé, ils sont physiquement les plus forts et les plus aptes aux fatigues matérielles. Réciproquement, les hommes des classes supérieures, et surtout ceux qui appartiennent à des familles qui depuis quelques générations déjà jouissent des aises de la vie, ne devant pas travailler matériellement, développent davantage leurs qualités intellectuelles et celles qui font acquérir au corps de la sveltesse et de l'adresse, bien que leur système musculaire soit généralement moins robuste.

De pareilles qualités, devenant héréditaires,

opèrent une sélection d'hommes moins forts des muscles, mais chez qui le développement physique est coordonné au développement intellectuel, nécessaire pour la complète adaptation à la vie d'un peuple civilisé.

La différenciation intellectuelle est la loi du progrès. M. G. Le Bon a donné la formule scientifique de ce fait, qui résulte d'ailleurs de l'observation historique : « Les individus qui composent les races inférieures présentent entre eux une égalité manifeste. A mesure que les races s'élèvent sur l'échelle de la civilisation, leurs membres tendent à se différencier de plus en plus. L'effet inévitable de la civilisation est de différencier les individus et les races. Ce n'est donc pas vers l'égalité que marchent les peuples, mais vers une inégalité croissante ».

Cet auteur démontre que, chez les races inférieures, tous les individus, y compris les femmes, possèdent à peu près le même niveau mental, et qu'ils présentent « l'image parfaite de l'égalité rêvée par nos socialistes modernes ». Réciproquement, chez les races supérieures, l'inégalité des individus et des sexes est, au contraire, la loi. Avec les progrès de la civilisation, non seulement les races, mais encore les individus de chaque race, tendent à se différencier. A cela contribuent, comme l'avait déjà fait ressortir Tocqueville, les conditions de l'évolution industrielle moderne, en vertu desquelles les couches inférieures des peuples civilisés sont condamnées à un labeur très spécialisé, qui ne peut contribuer à accroître leur intelligence. Par contre, les classes supérieures sont obligées à une incessante activité cérébrale. « Pressé par les découvertes et la concurrence, l'industriel, ou l'ingénieur qui le dirige, est obligé... d'accumuler infiniment plus de connaissances, d'esprit d'initiative et d'invention, que le même industriel, le même ingénieur, il y a un siècle. Constamment exercé, son cerveau subit la loi qui régit, dans ce cas, tous les organes, il se développe de plus en plus ».

Cette différenciation toujours croissante est confirmée par des mensurations qu'a exécutées M. G. Le Bon sur plusieurs milliers de crânes anciens et modernes appartenant à des races diverses, et qui lui ont donné les résultats suivants : les races dont le volume du crâne présente les plus grandes variations individuelles, sont les races les plus élevées en civilisation ; à mesure qu'une race se civilise, les crânes des individus qui la composent se différencient de plus en plus; l'égalité anatomique et physiologique n'existe qu'entre individus de races tout à fait inférieures. La civilisation nous conduit donc à une inégalité intellectuelle toujours plus profonde. La différence est minime entre les membres d'une tribu sauvage qui sont tous adonnés aux mêmes occupations; elle est, au contraire, gigantesque, entre le paysan, qui n'a que trois cents mots dans son vocabulaire, et le savant, qui en a cent mille avec les idées correspondantes[1] ».

On a nié que la civilisation signifie croissante inégalité, parce que le caractère de la civilisation est la croissante solidarité entre les hommes, laquelle est fondée précisément sur le principe présumé d'une égalité qui va s'achevant dans le développement de l'humanité[2].

Cette observation d'une solidarité toujours plus étendue entre les hommes est sans doute très juste, mais elle transporte la question dans un ordre d'idées un peu différent : la solidarité s'accroît avec l'extension et le perfectionnement des sentiments altruistes; mais ces sentiments n'exigent pas l'égalité entre celui qui les a et celui qui en est l'objet.

Ce qui est plutôt vrai, — comme je l'ai expliqué dans *La criminologie*, — c'est que le sentiment de sympathie, sur lequel est fondée la bienveillance, exige la ressemblance *morale*, mais peut exister indépendamment du degré de force *intellectuelle*. Il me paraît d'ailleurs incontestable que, de même que la civilisation augmente les variétés écono-

1. G. Le Bon, *Les lois psychologiques et l'évolution des peuples*. Paris, 1894.

2. Lire l'article critique du professeur italien Torre sur le livre de M. G. Le Bon.

miques, elle augmente pareillement les variétés intellectuelles, et conséquemment la distance entre les degrés extrêmes. Tout ce qui tend à ramener les variétés les plus hautes au niveau commun, ne peut donc signifier qu'une régression sociale.

Tel serait infailliblement l'effet de la révolution sociale, qui ne pourrait, d'autre part, élever le niveau de culture des classes sociales inférieures ; le niveau moyen serait en revanche plus bas que le niveau actuel. Il n'y a en effet aucune raison pour croire que l'abaissement de l'aristocratie de l'esprit pourrait aider à l'élévation intellectuelle du prolétariat, à moins qu'on ne suppose que la révolution elle-même détruise les rouages du système industriel moderne, abolisse les machines qui ont spécialisé le travail, et supprime en même temps les métiers les plus humbles dans lesquels ne peut se développer le cerveau humain. Mais que ferait alors la majeure partie des hommes, et qui pourvoirait aux communs besoins ? « Tous un peu à leur tour ! », répondent les socialistes pour se moquer des gens.

En attendant, sans vouloir nous perdre dans ces nuages lointains, nous pouvons nous borner à prévoir les effets les plus immédiats, ceux qui auraient lieu dans les sphères politiques. On peut affirmer alors que le niveau intellectuel moyen ne pourrait manquer de s'abaisser. En effet, l'amalgame produit par la révolution ferait surgir une classe de nouveaux Rabagas encore plus immoraux que ceux qui se sont élevés sur le pavois dans les révolutions passées; moins hypocrites peut-être, parce que les principes de la morale une fois abolis, ils pourraient se glorifier cyniquement de leurs vices, mais plus ignorants sans doute, parce que les charlatans actuels doivent au moins se faire écouter d'une classe de gens qui n'est pas tout à fait inculte, tandis que les nouveaux seraient les idoles des multitudes illettrées, qui estiment seulement les plus audacieux ou ceux qui ont la plus grande force de poumons [1].

On dit souvent qu'il n'est pas vrai que, dans la lutte pour l'existence au sein du genre humain, les meilleurs aient le dessus. Mais il faudrait s'entendre préalablement sur le sens donné à cette qualification : « les meilleurs ».

« L'homme non civilisé est un dégénéré au point de vue animal », ainsi dit le naturaliste [2]. Il y a en cela une grande part de vérité, quoique, de cette dégénérescence, personne ne voudrait guérir, parce que le point de vue animal n'est que secondaire dans l'existence de l'homme.

Beaucoup plus que la vue de l'Européen est aiguisée la vue du sauvage; mais le sauvage ne

1. « Les foules obéissent aveuglément aux plus obscurs sectaires, aux plus bornés despotes ». G. Le Bon, *op. cit.*, p. [illegible]8.

2. Jacoby, *Étude sur la sélection*, préface. Paris, 1891.

discerne pas dans un tableau la perspective ni ne remarque les nuances des couleurs.

Ceux qui ont aujourd'hui le dessus dans la lutte pour l'existence, ne sont pas les plus forts physiquement, mais sont les plus aptes à la vie sociale complexe et perfectionnée de nos jours. La loi de Darwin ne peut s'interpréter autrement que dans un sens relatif au milieu déterminé dont on parle; ce milieu, pour l'humanité actuelle, est la société non civilisée, dans laquelle il n'y a plus place pour le sauvage. Et si, pour l'adaptation à cette société, il faut une sélection descendante au point de vue animal[1], eh bien, soit! Nous préférons la civilisation européenne à la conservation des Maoris et des Peaux-Rouges, bien que chez ceux-ci l'ouïe, l'odorat et la vue soient plus fins, et les muscles peut-être plus vigoureux.

Il est vrai que, dans les sociétés civilisées, la lutte pour l'existence ne s'engage pas pour tous dans d'égales conditions. On ne peut donc même pas dire, d'une façon absolue, que les hommes de plus fort caractère ou de plus forte intelligence remportent toujours la victoire. En réalité, il y a beaucoup d'hommes qui se trouvent dans des positions plus favorables à la lutte; ils ont conséquemment besoin d'efforts beaucoup moins énergiques

1. Voir dans Vaccaro, *op. cit.*, l'étude des causes qui limitent la sélection dans la société humaine.

que ceux qui sont nécessaires à d'autres. Tel est — on ne saurait le nier — l'effet de l'inégalité économique. En fait, une partie de l'humanité se trouve dès la naissance dans des conditions qui rendent la lutte facile, et donnent presque la certitude de la victoire. On peut donc dire de beaucoup que la lutte a déjà été engagée et gagnée pour eux, et qu'il ne leur reste, pour jouir des résultats, qu'à demeurer pour ainsi dire immobiles là où ils se trouvent.

Voilà le fait. Est-ce un bien ou un mal?

Pour les socialistes, naturellement, cette inégalité, qui ne permet pas toujours aux plus méritants d'être suffisamment estimés et récompensés, est la grande injustice sociale qu'il est nécessaire de supprimer.

Pour nous, au contraire, cette inégalité, qui est un effet naturel du développement social et qui ne peut se supprimer, a pourtant son bon côté, parce qu'elle est un moyen de progrès moral et intellectuel.

Certainement, la propriété individuelle et héréditaire produit une sélection d'êtres humains sinon plus intelligents, du moins plus enclins aux exercices de l'esprit, et chez lesquels la délicatesse physique supérieure accompagne souvent une délicatesse morale supérieure, dérivant en partie de l'hérédité naturelle et des traditions de famille, en partie des exemples et de l'éducation reçus dès les premières années de la vie.

Quand on songe à ce que signifie, dans une bonne famille, l'éducation d'un enfant : surveillance de tous les instants; répression tantôt sévère, tantôt douce, de toute parole, de tout acte inconvenant; application incessante à inculquer à ces esprits, dont le caractère n'est pas encore formé, les sentiments de loyauté, d'honneur, de justice, de bienveillance et de respect, et à faire naître comme à développer en ces âmes le goût des beautés artistiques, l'admiration de tout ce qui est noble et grand; et quand, à ce mode d'éducation, on compare la façon dont grandissent les enfants des familles plus basses, abandonnés à leurs instincts, sans autre préoccupation que celle des besoins quotidiens, sans entendre jamais une parole qui élève leur esprit et adoucisse leur cœur, on est tenté de croire que les enfants de ces deux sphères sociales sont destinés à former deux races complètement différentes, lesquelles ne pourront jamais s'entendre, parce qu'elles n'ont aucun instinct de commun.

A la fin du dernier siècle, l'aristocratie héréditaire avait porté l'éducation, par certains côtés, à un degré de perfectionnement que, depuis, l'on n'a pu atteindre. C'étaient le respect absolu de la parole donnée; l'impossibilité du mensonge; l'urbanité la plus exquise dans les rapports avec les égaux et les femmes; la plus grande bienveillance envers les humbles.

Ces qualités étaient accompagnées des défauts propres à une société dont l'unique but était devenu le plaisir : la légèreté, l'imprévoyance, le relâchement du lien conjugal.

Ce qui est resté proverbial, c'est l'urbanité de l'aristocratie française. L'unique mission de cette caste semblait être de vouloir plaire à ses égaux. De là ces formules — qui aujourd'hui semblent exagérées — dans la conversation et dans les correspondances épistolaires, et, plus encore, cette application continuelle à dire des choses de nature à faire plaisir aux autres, à chatouiller leur vanité, à flatter leur amour-propre. La science des compliments était peut-être la partie principale de l'éducation des enfants.

« Le petit duc d'Angoulême reçoit Suffren un livre à la main, et lui dit : « Je lisais Plutarque et ses hommes illustres, vous ne pouviez arriver plus à propos »... Un petit garçon qu'on interroge sur ses classiques, répond à une dame mère de trois charmantes demoiselles : « Madame, je ne puis me souvenir ici que d'Anacréon [1] ».

Cette affectation de mots spirituels produit aujourd'hui sur nous un effet ridicule. Mais il ne s'agissait

1. H. Taine, *L'ancien régime*, p. 178.

pas seulement de phrases; l'urbanité se manifestait dans tous les actes de la vie. « Non seulement il ne fallait pas heurter, mais encore il fallait plaire; on était tenu de s'oublier pour les autres, d'être toujours pour eux empressé et dispos, de garder pour soi ses contrariétés et ses chagrins [1] ». A la campagne, le luxe des châteaux n'était pas très grand; mais il était « prodigieux en toutes choses qui peuvent donner des jouissances à autrui [2] ».

Ni la courtoisie ni l'affabilité ne disparaissaient jamais, pas même dans les contestations et dans les questions d'honneur. Dans un duel, le duc de Bourbon remercie son adversaire, le comte d'Artois, de l'honneur que celui-ci lui a fait de se battre avec lui, et ajoute : « Je suis pénétré de reconnaissance de vos bontés [3] ». Ainsi, dans toutes les actions de la vie, les lèvres étaient toujours composées pour le sourire; le Français de ce temps-là aurait autant souffert de se montrer peu courtois que de se heurter au manque de courtoisie des autres.

Rien ne peut mieux compléter ce tableau que ce charmant passage de Taine :

« De toutes parts, au moment où ce monde finit, une complaisance mutuelle, une douceur affectueuse vient, comme un souffle tiède et moite d'automne,

1. H. Taine, *L'ancien régime*, p. 180.
2. *Id. Ibid.*, p. 157.
3. *Id. Ibid.*, p. 184.

fondre ce qu'il y avait encore de dureté dans sa sécheresse, et envelopper dans un parfum de roses mourantes les élégances de ses derniers instants [1] ».

Les mœurs de ces gens-là nous semblent aujourd'hui trop conventionnelles, leur existence vide et artificielle; leur politesse exagérée et fausse.

Certes, il y avait exagération, mais elle devenait, pour ces hommes, une seconde nature.

Quoi qu'il en soit, on ne peut nier que cet échange constant de paroles et d'actes courtois, s'il est impuissant à déraciner l'égoïsme inné de l'homme, le dissimule tout au moins charitablement aux yeux d'autrui et le fait oublier, — point déjà important dans les relations ordinaires de la vie.

La bienveillance devient une habitude, et, dans les petites choses au moins, les sentiments altruistes prennent le dessus. Cela suffit pour rendre la vie sociale douce et agréable, et pour amortir le contrecoup des inévitables désillusions de l'existence.

Les traditions de courtoisie de la société de Versailles sont allées en se perdant graduellement à la suite de la catastrophe où s'est abîmée l'aristocratie à la fin du siècle dernier, sans que le caractère y ait rien gagné. La courtoisie a diminué, mais l'égoïsme n'est aujourd'hui certainement pas moindre. La galanterie a perdu son conventionna-

1. H. Taine, *op. cit.*, p. 214.

lisme et ses formes élégantes, mais la légèreté des mœurs a-t-elle donc diminué? La société du Directoire et de l'Empire fut-elle plus morale que celle des règnes de Louis XV et de Louis XVI? Et la corruption n'a-t-elle pas atteint son comble dans la société démocratique du second Empire?

Je prévois une critique facile. Mais je n'étudie pas dans ce livre les conditions sociales avant la Révolution; ce n'est pas ma tâche de rechercher si, à ce plus grand raffinement de mœurs en haut, ne faisaient pas contraste, en bas, une plus grande vulgarité et une plus grande ignorance. Je n'ai pas l'intention de tirer le total ni de conclure que la société de l'ancien régime, envisagée dans son ensemble, fût préférable à la société républicaine d'aujourd'hui. Cette rapide esquisse de l'aristocratie du XVIIIe siècle ne me sert que comme un exemple pour montrer jusqu'à quel point l'hérédité et les traditions peuvent perfectionner, dans une direction donnée, la nature humaine. Et je veux conclure ceci : que, de notre temps, ce qui fait subsister encore en partie la douceur des manières, le sens esthétique, la culture classique, — choses conventionnelles, si l'on veut, mais qui pourtant, malgré les sarcasmes de M. Max Nordau [1], sont

1. Voir *Les mensonges conventionnels de notre civilisation*, traduction française par Auguste Dietrich, nouvelle édition revue. Paris, 1888.

le miroir de la civilisation d'un peuple, — ce qui, en protégeant ces traditions de la société civilisée, nous sauve de la rudesse, du cynisme, de la brutalité, c'est une seule chose : l'institution de la propriété.

Le monde antique, s'appuyant sur la loi de l'hérédité psychique, — qu'il n'avait pas étudiée à l'aide d'une méthode scientifique, comme on le fait aujourd'hui, mais dont il avait pourtant eu l'intuition, — tendait, par l'institution des castes, à opérer une sélection des individus mieux fournis des qualités supérieures de la nature humaine.

Le monde moderne a rompu les digues et aboli tout privilège de caste, permettant à chacun d'aspirer à tout. Cela a quelques bons côtés, avec beaucoup de mauvais. Dans la concurrence plus tumultueuse qui en est résultée, la propriété héréditaire est du moins un tempérament, parce qu'elle permet de transmettre aux enfants la bonne éducation, la culture, les traditions d'honneur et de morale.

La propriété héréditaire est actuellement la garantie unique d'une bonne éducation, la seule force qui subsiste encore dans le monde pour la sélection d'individus qui ne sont pas absolument les plus forts au point de vue physique ou intellectuel, mais qui sont aptes, par leur structure mentale, à apprécier et à conserver les conquêtes de la civilisation.

Certes, par l'institution de la propriété, beaucoup d'hommes se trouvent dans une situation supérieure qui leur rend plus aisée la victoire dans les luttes sérieuses de la vie. Et peut-être, puisque la propriété ne peut produire la sélection des intelligences les plus fortes, un homme doué d'une de ces fortes intelligences perdra-t-il dans la lutte uniquement parce qu'il n'a pas eu les facilités que possède un plus riche. Mais si son intelligence est vraiment extraordinaire, il vaincra tous les obstacles et arrivera où il veut, parce que le génie s'impose et s'est imposé de tout temps, malgré les barrières bien autrement hautes opposées par les castes et les préjugés sociaux. Si pourtant il ne s'agit pas d'un esprit exceptionnel, peut-être l'homme d'un humble état sera-t-il vaincu uniquement parce qu'un autre, qui n'est pas plus fort que lui à la course, a pu partir avec un peu d'avance. Mais je ne crois pas que, somme toute, le monde y ait beaucoup à perdre.

Il arrive moins souvent que l'homme qui a surgi des couches inférieures ait ces instincts de probité sucés avec le lait, et qui, durant toute l'existence, ne peuvent plus disparaître, parce que ces instincts, habituellement, se transmettent dans les familles des classes supérieures, et sont, dès l'enfance, constamment développés par une bonne éducation.

A égalité de condition d'intelligence, ou même avec un peu moins d'intelligence, je préfère donc l'homme des classes supérieures à celui venu de bas, parce qu'on peut présumer jusqu'à un certain point que le premier, outre ses qualités intellectuelles, aura celles de la tempérance, de la loyauté et de la mesure, qualités traditionnelles dans sa classe, et que, en tout cas, il aura des sentiments plus doux et plus de tact, plus de délicatesse que l'autre, — ce qui est déjà quelque chose.

Il est injuste, dit M. Enrico Ferri, que l'homme soit estimé pour ce qu'il possède et non pour ce qu'il vaut. Mais qui dit à M. Ferri que la société estime toujours davantage le plus riche? C'est peut-être là le jugement des pères et des mères dans le choix d'un époux pour leurs filles ; mais ce n'est pas le jugement du monde, qui, au contraire, quand il n'a pas un besoin immédiat du riche, ne fait pas autant de cas de lui que de l'homme remarquable par sa science ou par ses talents.

Du reste, l'homme qui fait de grandes choses en peu de temps est le plus souvent celui chez qui, à l'éclat d'une naissance illustre et de la richesse, s'ajoute le talent. Jules César ne serait peut-être pas devenu, en quelques années, proconsul, grand-pontife et *imperator*, si la famille Julia n'avait fait partie des familles les plus nobles et les plus opulentes de Rome ; et Rome n'aurait peut-être pas conquis, sans lui, les Gaules et l'Angleterre. Mais la gloire peut être atteinte aussi par le génie seul ;

il suffit de rappeler Napoléon. Par contre, au riche paresseux et ignorant la gloire a toujours refusé ses sourires.

Malheureusement, la civilisation a de nombreuses maladies. Le pessimisme et la névrose font beaucoup de victimes; les suicides vont toujours en augmentant.

Or, les socialistes se préoccupent aussi de la question hygiénique; et le socialisme est présenté par ses fauteurs comme la panacée de tous les maux.

Ainsi, l'on nous promet que « sous le régime socialiste disparaîtront les formes chroniques et épidémiques de névrose, de crime et de folie ». On fait seulement quelque prudente réserve au sujet des formes aiguës, sporadiques, lesquelles, nous dit-on, « ne disparaîtront pas entièrement[1] ». J'ai montré plus haut (chap. II) mon étonnement pour les nouvelles idées de M. Ferri sur la criminalité, malgré l'anthropologie criminelle dont il a été si longtemps l'un des plus fervents partisans. Il est vraiment extraordinaire qu'il se soit laissé aveugler jusqu'à ce point par le mirage du socialisme.

Une affirmation comme celle que j'ai rapportée laisse tout d'abord abasourdi le lecteur, qui ne voit absolument aucun rapport entre les maladies ner-

1. Enrico Ferri, *Dal positivismo al socialismo*, lettre à M. G. Fioretti, dans le journal *Il Mattino* de Naples, des 15 et 16 juillet 1894.

veuses et la propriété collective. Il vaudrait autant lui dire que, par l'étude de l'algèbre, on obtient un premier-né mâle !

Aussi s'explique-t-on, en vérité, qu'on lui ait répondu par ce vers d'un poète populaire :

Mais, la cervelle de ce monsieur se détraque !

Pourtant M. Enrico Ferri, qui est parfaitement sain d'esprit, malgré le socialisme, — et je m'en félicite avec lui, — a bien voulu dire quelque chose, en affirmant que sous le régime collectiviste il n'y aurait plus ni névroses chroniques et épidémiques, ni folies, ni crimes. Peut-être croit-il, je suppose, que, dans le nouveau régime du travail forcé, les prolétaires se trouveront dans un tel état d'heureuse cénesthésie, qu'il éloignera d'eux toute cause morale pouvant déterminer des troubles dans le système nerveux. Mais il faudrait, en tout cas, regarder aussi le revers de la médaille. Ceux qui aujourd'hui ne sont pas pauvres (leur nombre n'est pas si restreint) et qui, jetés hors de leur bien-être ou de leurs occupations purement intellectuelles, se verront soudainement privés de tout, contraints à abandonner toutes leurs habitudes, réduits à la compagnie d'êtres incultes et forcés d'obéir à des chefs grossiers, — tous ces gens-là ne souffriront-ils pas mille fois plus que ne souffre aujourd'hui l'homme vulgaire, né et grandi dans la pauvreté, et qui, de même que l'aveugle-né n'a pas idée des couleurs, n'a non plus idée, lui, des délicats plaisirs spirituels que seul le bien-être apprend à goûter? « Plus les hommes se sont adaptés à une situation, dit H. Taine, moins ils sont préparés pour la situation contraire [1] ». Représentons-nous combien de misanthropies et de lipémanies, combien de suicides et de révoltes violentes on verra parmi les nouveaux expropriés!

Ce point de vue de la santé publique n'est donc qu'une illusion, comme tous les autres. Sans même discuter la prémisse que le collectivisme puisse rendre les prolétaires heureux, mais en supposant pour un instant qu'il en soit ainsi et que de la misère dépendent les maladies mentales (ce qui n'est vrai que dans quelques cas), on n'aurait ici encore qu'un déplacement du mal, et non la fin de celui-ci [2].

1. H. Taine, *op. cit.*, p. 215.

2. Les socialistes répliquent qu'ils ne s'occupent pas du présent, mais de l'avenir; que lorsque tous seront mieux nourris et auront moins de souffrances à endurer, il y aura moins de dégénérés et de névropathes, etc. Tout cela est fort bien, peut-être, mais alors — comment n'en revenir pas toujours là? — qu'ils répondent à cette question : que signifie l'appel qu'ils font aux masses, pour la révolution? Car cet appel est bien chose présente; révolution ne peut signifier progrès graduel. V. appendice B, à la fin du volume.

IV

L'histoire, la grande ennemie des socialistes, celle qu'ils associent à leur haine pour le grec et le latin, mais qui, à leur grand dépit, lève malicieusement la tête à tout instant pour se moquer d'eux, l'histoire prouve que la civilisation n'apparaît dans un pays que quand la propriété individuelle et héréditaire s'y trouve solidement établie.

Voici, par exemple, quel fut, selon Thucydide, l'état primitif de la Grèce :

« L'Hellade fut dès le commencement sujette à de continuelles migrations... Comme il n'existait pas de commerce ni de sûres communications par mer ou par terre ferme, et que chacun cultivait la terre seulement pour sa propre alimentation, sans posséder de richesses, et qu'on ne faisait pas de plantations parce que les propriétés n'étaient pas défendues par des murs, et que chacun craignait à tout moment de se voir enlever le fruit de son travail; comme, d'autre part, il était facile de gagner sa subsistance quotidienne, on changeait de pays sans préoccupations. Ce genre de vie faisait que les cités n'offraient rien de grand ni dans les arts de la paix ni dans ceux de la guerre ».

1. Thucydide, *Guerre du Péloponnèse*, livre I, chap. II.

L'entêtement des Doriens à vouloir maintenir à Sparte une espèce de communisme fut la cause d'un arrêt de progrès dans cette cité, tandis qu'Athènes, Argos, Corinthe et les colonies helléniques, prospéraient si merveilleusement.

Si des formes anciennes du socialisme nous passons aux expériences contemporaines, nous apprendrons que dans les petites agrégations où l'on a réalisé une espèce de collectivisme ou de communisme, ou bien l'on ne connaît pas les arts et la littérature, ou bien on ne les apprécie pas.

Voici la description mélancolique que fait Nordhoff des soixante-douze sociétés communistes réparties sur la surface des États-Unis, et qu'il a visitées personnellement : « On y chercherait inutilement des hommes ou des femmes d'une éducation raffinée ou d'une haute culture intellectuelle. Nul enthousiasme; tous utilitaires; quelques-uns n'aiment point les fleurs et condamnent la musique. Ils fabriquent solidement, souvent en pierre, mais sans aucun souci de l'effet architectural. L'art leur est inconnu. Loin d'apprécier ce qui est seulement beau et gracieux, ils le déprécient. Les distractions sérieuses aussi leur manquent; peu de communes ont une bibliothèque publique, et celles qu'on trouve sont fort chétives ».

Le comte Zorli, au livre duquel j'emprunte cette citation, remarque à ce sujet : « Mais ce sont précisément là les caractères des hommes et des peuples inférieurs[1] ».

Très bien dit. Hommes et peuples inférieurs : tel est le niveau auquel nous ramène le socialisme. Que peut-on attendre d'autre d'une théorie dont l'unique idéal est une « question d'estomac » ?

Réellement, si le collectivisme était réalisable, la vie n'aurait plus d'autre but que la satisfaction des besoins physiques. Du moment que tous les arts de luxe disparaîtraient avec la propriété privée qui seule les nourrit, et puisqu'on ignore quelles sont les frontières précises du luxe, parce qu'il a mille gradations et est relatif aux diverses conditions sociales, ainsi le collectivisme devrait supprimer toutes les productions d'objets qui ne sont pas nécessaires à l'existence physique de l'homme. Or, si les vêtements ne doivent avoir d'autre but que de garantir l'homme contre le froid, « la peau de bête, le tissu brut suffisent ». Et l'auteur que je cite ici ajoute : « C'est une bien belle découverte, en vérité, que de recueillir ce fait banal, qu'il serait loisible à l'humanité de réduire de moitié ou d'un tiers son labeur, si elle voulait se contenter de remplir son estomac, de garantir ses membres contre le froid et contre le chaud, et de renoncer à produire tout ce qui n'est pas exigé par ses

1. A. Zorli, *Emancipazione economica della classe operaia*, p. 604. Bologne, 1881.

besoins physiques impérieux. Mais combien d'hommes voudraient vivre dans ces conditions? Combien se soucieraient d'un accroissement de loisirs qui serait acheté par des privations aussi dures et par une aussi désespérante monotonie? Le luxe est une consolation pour la généralité des hommes, et ce n'est pas seulement le luxe personnel qui réjouit, qui distrait, qui charme, c'est aussi celui d'autrui. Les moralistes perspicaces l'ont dit souvent : l'homme riche dépense en réalité beaucoup plus pour autrui que pour lui-même. D'où vient le plaisir qu'éprouve l'homme modeste, de situation médiocre, parfois infime, à se promener dans les quartiers élégants, à y contempler les magnifiques hôtels et les équipages? D'où vient que la foule laborieuse trouve dans ce spectacle la récréation la plus efficace de son labeur? Est-ce un sentiment anti-humain qu'il faut proscrire, ou ne serait-ce pas, au contraire, une de ces manifestations naïves du goût de l'idéal qui est au fond du cœur de l'homme [1]? »

V

Quand on lit ces paroles de Bakounine, dans la description qu'il fait du « bon révolutionnaire » : « Entre lui et la société il y a guerre à mort, inces-

1. P. Leroy-Beaulieu, *Le collectivisme*, p. 112-113.

sante, irréconciliable;... il doit être prêt à tuer de ses propres mains tous ceux qui font obstacle à la révolution »; quand on se rappelle que le nihilisme russe, à la suite d'un tel maître, approuvait l'assassinat et comptait dans ses rangs beaucoup de personnes des classes élevées, et qu'une dame déclarait dans un salon, en présence de sa fille, que Vera Sassoulitch était une grande citoyenne et qu'elle-même serait fière si une de ses filles avait agi de même [1]; quand on entend les cris rauques de Jean Grave et de Schicchi, excitant au massacre de tous ceux qui possèdent : « Femmes, vieillards, enfants, tous doivent être noyés dans le sang... Nous égorgerons ceux que nous trouverons les armes à la main, nous jetterons du haut des balcons ou lancerons à la mer les vieillards, les femmes, et les enfants [2] », — on reste abasourdi en constatant que des hommes, nos contemporains, de bonne condition et qui ont reçu une certaine instruction, puissent avoir des sentiments d'une férocité comparable à celle des sauvages qui écorchent et mangent leurs prisonniers.

On croyait cela un phénomène propre au fanatisme nihiliste et anarchique. Mais aujourd'hui, dans les écrits de quelques-uns des nouveaux socia-

1. Rae, *op. cit.*, p. 335.
2. Voir Sernicoli, *op. cit.*, tome II, p. 117-121.

listes, on trouve l'expression des mêmes sentiments inhumains.

En voici un exemple emprunté à la préface mise par Gabriel Deville en tête de son résumé du *Capital* de Karl Marx.

Dans le chapitre intitulé « *Notre révolution* », Deville déclare que la Commune a été une des « étapes de l'évolution socialiste ». Il conseille aux révolutionnaires de se munir de « toutes les ressources que la science met à la portée de ceux qui ont quelque chose à détruire » (donc, explosifs de toute espèce). Il dit qu'on procédera à l'expropriation économique de *ceux qui ont été renversés du pouvoir*, c'est-à-dire les capitalistes et les propriétaires fonciers, sauf les paysans qui cultivent par eux-mêmes leur lopin de terre [1], lesquels paysans, voyant ensuite les avantages du collectivisme, arriveront peu à peu à renoncer à leur propriété exclusive; et l'on verra alors si leur égoïsme satisfait ne les fera pas assister impassibles à l'expropriation des riches *et même à quelque chose de plus*, pour le cas où ceux-ci auraient la maladroite inspiration de faire les récalcitrants (promesse suffisamment claire de nouveaux massacres de septembre). A ceci s'ajoutera la suppression de la dette publique (toujours, bien entendu, sans indemnité), et l'annulation

1. Cette transaction, dictée par l'opportunisme, se trouve aussi dans les écrits de l'anarchiste Malato.

de toute espèce de titres, actions ou obligations, « en ramenant tous ces papiers maculés à leur valeur au poids » (donc la spoliation de tous ceux qui possèdent quelque épargne [1]!).

Ces choses-là, Deville les dit au nom du « socialisme scientifique », et aucun socialiste n'a protesté et ne lui a reproché de calomnier la nouvelle doctrine.

Usurpation des biens-fonds, destruction de toutes les valeurs fiduciaires, massacre des riches, voilà ce que cette secte nous annonce, en nous parlant de science!

Le lecteur demandera anxieusement : mais en quoi ces socialistes diffèrent-ils donc des anarchistes et des nihilistes?

A la vérité, pour ce qui est de l'action, il est beaucoup plus facile de s'apercevoir des côtés qui les rendent semblables, que de ceux qui les rendent différents.

Ainsi, les socialistes révolutionnaires veulent, comme les anarchistes, détruire tout ce qui existe dans l'ordre moral, juridique et économique.

Que nous importent, à nous, les vagues idées d'un collectivisme impossible, à l'aide duquel, l'épouvantable révolution une fois accomplie, les socialistes promettent de ramener la félicité sur la terre? Dans

1. G. Deville, p. 58-61 de la préface du *Résumé* de Karl Marx.

le mouvement contemporain, la différence entre les deux sectes consiste seulement en ceci : les fanatiques de l'anarchie assassinent isolément, anticipant en partie le massacre qui devra avoir lieu au moment de la révolution ; les socialistes révolutionnaires, au contraire, veulent qu'on n'emploie la dynamite que quand sera venu le temps de l'action générale. La victoire remportée, le vol et l'assassinat sous forme légale seront alors organisés sur un plan méthodique, en vue d'assurer les fruits de la victoire et de rendre impossible la réaction [1].

Voilà peut-être pourquoi le collectivisme est scientifique !

En attendant, les uns comme les autres ont compris l'erreur où ils étaient de se combattre entre eux. Une alliance aurait finalement été conclue, comme nous l'apprenons par une dépêche de Zurich en date du 19 décembre 1894 [2].

« On a jeté les bases d'une *alliance internationale des partis socialistes*, s'étendant du parti autoritaire au parti anarchique, afin d'opposer une action commune aux exceptionnelles mesures anti-socialistes qui ont été prises par les divers gouverne-

1. D'ailleurs, les socialistes considèrent les anarchistes militants comme leur avant-garde. Et il n'est pas jusqu'au « modéré » Liebknecht qui, selon M. Sernicoli, n'aurait tenté de les exciter à se défaire de M. Casimir-Perier. Voir *op. cit.*, tome III, p. 104.

2. Voir le journal *La Tribuna* du 22 décembre 1894.

ments européens et vont s'accentuant de jour en jour.

« Les préliminaires ont été longs et laborieux.

« Les anarchistes, encore aigris par les distinctions intéressées et artificieuses qu'ont faites dans le parlement et au dehors quelques députés néo-socialistes, ne voulaient pas adhérer à l'accord. Or, les socialistes exigeaient que les anarchistes acceptassent explicitement leur programme électoral.

« L'entente paraissait donc impossible.

« Mais les éléments révolutionnaires des partis anarchiques d'Italie et d'Espagne ainsi que des nihilistes russes, trouvèrent le point de contact et d'alliance entre les groupes socialistes des deux péninsules, de la France et de l'Angleterre. Et *le point de cohésion fut la nécessité reconnue d'agiter les masses des travailleurs des divers pays*, pour en former la conscience révolutionnaire et prendre occasion des graves événements qui agitent la société moderne.

« On décida donc de laisser de côté les questions secondaires, qui provoquèrent toujours le dissentiment entre les diverses nuances socialistes, et de proclamer comme base positive d'alliance l'inévitabilité de la révolution en tant que moyen propre à résoudre la question sociale.

« Ces idées furent donc l'objet d'un vif échange

de propositions et de projets entre les plus importants groupes d'action, socialistes et anarchiques, résidant dans les diverses capitales de l'Europe. Et, après un patient travail préparatoire, l'*Alliance internationale révolutionnaire des partis socialistes* sort désormais de l'état de gestation et se présentera bientôt sur la scène politique, comme *la première manifestation vraiment cosmopolite du socialisme révolutionnaire...*

« Pour ce qui regarde l'Italie, l'action de l'alliance des socialistes révolutionnaires ne manquera pas de se faire sentir au plus tôt. Quelques *socialistes influents*, et les anarchistes les plus actifs et les plus intelligents, sont réfugiés à l'étranger, et de là ils ne manquent pas de se tenir en correspondance active avec les centres ouvriers et industriels, parmi lesquels ils comptent encore de nombreux et fidèles amis.

« L'œuvre à laquelle l'alliance va se consacrer sera d'entretenir activement en Italie la propagande socialiste révolutionnaire grâce à des journaux, à des opuscules et à des manifestes clandestins imprimés à l'étranger, et introduits dans la péninsule à l'aide de ces si nombreux moyens que savent inventer les marchands de contrebande pour duper la douane ».

Donc, si ces nouvelles sont vraies, les socialistes et les anarchistes seraient désormais liés entre eux par un pacte fraternel. S'ils s'unissent, pourquoi devrions-nous les distinguer?

Reste à voir si les idées qui auront le dessus dans la propagande, seront celles des premiers ou celles des seconds. Les déclarations qui peuvent avoir été faites dans les séances de l'*Alliance*, par quelques chefs socialistes déconseillant, en matière de « propagande par le fait », les attentats à la personne, de telles déclarations ne prouvent absolument rien.

On saura donc par leurs journaux, opuscules et manifestes, si l'*Alliance* renie Bakounine, Jean Grave et Schicchi, qui ont excité le peuple à assassiner les bourgeois.

La race des Marat, des Hébert, des Carrier et de semblables monstres n'est pas éteinte, il s'en faut. Le devoir principal des gouvernements, à l'heure présente, est celui-ci : écraser l'énorme polype qui menace d'étouffer la société civilisée.

L'homme d'État doit avoir aujourd'hui l'héroïsme de provoquer la place publique; il doit en considérer les applaudissements comme une honte; il doit lutter contre le nombre, et autour de lui doivent se presser étroitement, oublieux de leurs rancunes et de leurs haines, tous les partis qui veulent sauver le pays de la ruine imminente.

CONCLUSION

LA DÉFENSE DE LA SOCIÉTÉ

I. — Ce qu'on entend par question sociale. — Remèdes naturels aux abus du capitalisme. — Les mariages. — L'émigration.
II. — Mauvaise foi et hypocrisie des évangélisateurs révolutionnaires.
III. — Les véritables fautes de la bourgeoisie. — Le principe d'autorité. — La morale. — L'enseignement. — Les livres de texte. — Les maîtres élémentaires.
IV. Propagande anti-socialiste. — Quel en est le mode le plus pratique. — Récompenses et pensions aux ouvriers méritants. — Le roi Robert de Naples et un vieux cheval. — Le sentiment d'équité au-dessus de tout contrat. — Idées de Léon XIII. — Mauvaise expérience de l'assurance obligatoire et de la bienfaisance d'État. — L'impôt progressif. — Les armées permanentes. — Le vote proportionnel, unique remède à l'abstentionnisme.
V. — Vérité des conclusions fondamentales de l'économie politique classique et libérale. — Tempéraments de l'individualisme.

I

J'ai dit les raisons pour lesquelles je suis persuadé que la théorie collectiviste, scientifiquement, est absurde, et, pratiquement, irréalisable; j'ai montré que la ligue des prolétaires et la lutte des classes peuvent conduire seulement à la ruine de notre civilisation, et que les seuls effets sûrs de la propagande socialiste sont l'exaspération des souffrances du peuple et la destruction de tous les principes moraux qui rendent possible la communauté civile. Je crois, enfin, avoir prouvé que le capital, au lieu de se concentrer en quelques mains, tend toujours davantage à se subdiviser et à se répartir entre toutes les classes de la population, et qu'à aucune d'elles ne profiterait une révolution sociale qui, apportant une infinité de misères et arrêtant tout progrès moral, intellectuel et artistique, enrichirait seulement quelques individus, et non les meilleurs.

Mais, dira-t-on, quelle est donc la façon de *résoudre la question sociale*?

Voilà une de ces phrases au contenu nébuleux, que tous répètent sans avoir conscience de ce qu'ils disent. Une question ne peut être sérieusement posée que quand elle a des termes précis et bien définis.

Je ne crois pas, au demeurant, que ce qu'on nomme aujourd'hui question sociale, n'ait pas existé aussi hier, ou il y a cent ans, ou il y en a deux mille.

Si l'on veut faire allusion au fait de l'excessive inégalité économique, le terme est impropre, parce qu'il ne s'agit pas d'une question, mais d'un état de choses inhérent à toute société non civilisée[1].

Si, d'autre part, l'on entend par question sociale la nécessité de combattre les abus du capital, qui, profitant de l'accroissement de la population ouvrière, tend toujours à réduire les salaires au *minimum*, alors les remèdes existent; ils sont au pouvoir du prolétaire, et se résument en ces deux mots : prévoyance et association. L'offre excessive de travail ne peut exister là où la population ne se multiplie pas inconsidérément, parce que l'homme s'abstient du mariage tant qu'il ne gagne pas assez pour pouvoir soutenir une famille; là, le capitaliste, quand il veut réduire excessivement les salaires, ne trouve plus l'aide de ces myriades d'ouvriers inoccupés, formant ce que Karl Marx a nommé l' « armée auxiliaire du capital ». Le peuple français qui a donné, depuis plus d'un demi-siècle, cet exemple de prévoyance digne d'être imité, est le peuple chez lequel le prolétariat va en décroissant, au fur et à mesure que croissent la petite propriété et l'aisance générale. D'ailleurs, il ne faut peut-être pas en reporter entièrement le mérite aux individus; il est prouvé que l'activité intellectuelle et celle du

1. « La question sociale restera insoluble, tant que l'État ne sera pas en mesure de donner 25 000 francs de rente à ceux qui les désirent et ne font rien pour les gagner ». Maxime Du Camp, *op. cit.*, tome IV, p. 8.

système nerveux, qui accompagnent le progrès de la civilisation, rendent moins intense l'activité reproductrice. Toute participation plus grande au développement des fonctions supérieures de la vie, dit M. Nitti, n'est pas possible sans un développement corrélatif de ce grand parasite de l'organisme qu'est le système nerveux. Ainsi, quand les travailleurs commencent à goûter les plaisirs intellectuels et à prendre part à la vie civilisée, l'accroissement de leur activité nerveuse les rend de moins en moins féconds[1].

Le second frein est l'association des travailleurs, — non pour détruire le capitaliste, mais pour constituer des forces de vie propre qui les mettent en état de résister à d'injustes prétentions et de se soutenir, le cas échéant, à l'aide de leurs propres ressources, en secourant en outre les infirmes, les vieillards, et ceux qui, malgré leur bonne volonté, n'ont pas trouvé de travail.

Un exemple de ce genre existe en Angleterre dans les *Trades-Unions*. Ce n'est pas là une lutte de classes; c'est une simple lutte économique, comme celle que peuvent se livrer entre elles les différentes industries. Et c'est une lutte qui, en dépit de Karl Marx, a réussi et continue à réussir aux ouvriers dont les salaires, loin de diminuer, ont plutôt, dans ce siècle, augmenté d'une façon constante.

1. Nitti, *L'alimentazione e la forza di lavoro nei popoli*, p. 42. Turin, 1894.

Il est vrai qu'il y a une classe d'ouvriers fort maltraitée par le *sweating system*, vrai système d'exploitation, dont sont victimes le plus souvent les jeunes gens et les femmes. Mais les exploiteurs ne sont pas ici les capitalistes; ce sont les intermédiaires, qui, fréquemment, appartenant à la classe ouvrière, profitent du travail d'ouvriers plus malheureux qu'eux.

La concentration des industries tend d'ailleurs à faire disparaître ces parasites : dans le grand magasin moderne, les intermédiaires n'existent presque pas. En effet, le *sweating system* est plus répandu dans les industries de vêtements confectionnés, de gants, etc., qui sont parmi les moins concentrées.

Les grandes entreprises, les grands ateliers, les grands magasins, aideront ici, comme ils l'ont fait dans les autres industries, à relever la condition des parias du travail [1].

L'émigration est une autre soupape de sûreté contre l'augmentation excessive de la population

1. Voir, sur l'effet bienfaisant des grands magasins, P. Leroy-Beaulieu, *Le collectivisme*, p. 406-407. — Émile de Laveleye dit de son côté : « A mesure qu'elle perfectionne ses procédés et qu'elle pousse plus loin l'emploi des machines et la division du travail, la grande industrie améliore les conditions des classes inférieures, en leur livrant à meilleur marché les produits fabriqués... Incontestablement la condition matérielle des hommes est meilleure aujourd'hui : jadis les souffrances des individus étaient parfois extrêmes ». *Le socialisme contemporain*, p. XXVII, XXIX.

ouvrière, et, par là, un autre moyen d'empêcher la diminution des salaires.

Le prolétariat italien (comme le prolétariat anglais et le prolétariat allemand) préfère l'émigration au conseil malthusien de limiter sa reproduction; il faut donc louer les efforts faits par le gouvernement d'Italie pour acquérir des colonies à lui où puissent, à l'avenir, se diriger les émigrés, qui y trouveront le bien-être d'une seconde patrie.

Or, par l'un ou l'autre de ces moyens, le résultat est obtenu : l'offre du travail ne s'est pas accrue, sauf dans des industries déterminées ou dans des emplois où le travail est plus facile; et les salaires, en général, ne tendent point à la diminution.

« Sans doute, comme l'a dit Émile de Laveleye, il y aura toujours des pauvres parmi nous, parce qu'il y aura toujours des paresseux incorrigibles;... mais que les classes supérieures apprennent à mieux connaître et à mieux remplir leurs obligations; que les ouvriers, plus instruits, plus moraux, moins esclaves des sens, arrivent à la propriété par le travail et l'épargne; que la science continue à accroître la productivité de l'agriculture et de l'industrie, et le paupérisme, l'extrême dénûment disparaîtront en tant qu'ils atteignent toute une catégorie de familles et qu'ils constituent une des plaies de notre ordre social ».

1. Émile de Laveleye, *op. cit.*, p. 16-17.

II

Quoi qu'il en soit, il est nécessaire que la société se défende contre ces bas et vulgaires politiciens qui, parcourant les campagnes ou descendant dans les mines, prêchent la révolution sociale comme un moyen destiné à affranchir les travailleurs de toutes leurs misères.

Ces apôtres de mauvaise foi qui aigrissent une partie de la population et attendent le moment propice pour former avec son aide les phalanges destinées à détruire la civilisation, ne méritent pas d'égards de la part des gouvernants.

Ils ne font que le mal, tournant en ridicule ce que le monde a toujours considéré comme des vertus : la patience et la résignation; rendant le peuple mécontent, envieux et cupide; enlevant aux malheureux la consolation de la foi religieuse; prêchant qu'il n'y a de bonheur que dans les jouissances matérielles.

Ces hommes-là, soit qu'ils invoquent le socialisme scientifique, soit qu'ils se déclarent partisans de l'anarchie, sont, dans leur action, également malfaisants ; et les premiers plus encore que les seconds. Les anarchistes, en effet, ne peuvent trouver de partisans que parmi les hommes privés du « bien de l'intelligence », — pour emprunter l'expression du Dante, — tandis que les socialistes insinuent dans toutes les classes populaires des maximes qui ont des apparences de vérité et qui au fond recèlent du poison.

Ils mentent, quand, se disant collectivistes, ils assurent que la petite propriété serait sauvée. Le collectivisme, en effet, ne peut se fonder à l'aide des seules grandes propriétés, qui ne représentent, en beaucoup de pays, qu'une partie minime de la propriété foncière; mais il ne peut se concevoir et ne s'est jamais conçu qu'en impliquant l'abolition de la propriété individuelle ou domestique héréditaire.

Ils agissent en hypocrites, quand, au reproche du mal qu'ils font en excitant les convoitises et l'envie des pauvres et en poussant une classe contre l'autre, ils répondent qu'ils ne veulent pas la haine de classes, mais la lutte de classes. Comme si la lutte de classes pouvait avoir lieu pacifiquement et sans effusion de sang! Comme si elle n'était pas tout simplement le synonyme de guerre civile!

Mais s'ils étaient sincères, pourquoi les invectives contre les riches, qualifiés par eux d'exploiteurs ou de « jouisseurs »? Et s'il s'agissait d'une simple lutte économique, quel besoin y aurait-il d'une organisation artificielle due non aux travailleurs mêmes, mais aux ambitieux et aux déclassés de la bourgeoisie? Et pourquoi l'encouragement à des grèves partielles injustifiées, prodromes d'une grève universelle, c'est-à-dire d'une révolution, plutôt que l'encouragement à l'honnête coopération, par laquelle les ouvriers pourraient devenir propriétaires des machines, ou à la résistance pacifique au capital grâce à la diminution de l'offre du travail ?

La bourgeoisie a peur. Elle tâtonne irrésolue et espère se sauver par les concessions, oubliant que c'est là la plus insensée des politiques, et que les indécisions, les transactions, le désir de contenter tout le monde, sont des défauts de caractère que, par une éternelle injustice, le monde a toujours punis cruellement, pire que si c'étaient des crimes. « Qui nous délivrera des conciliateurs, s'écrie énergiquement M. Leroy-Beaulieu, ces esprits flottants et vides qui croient que le crépuscule concilie la lumière et la nuit ? »

Mais les classes sociales supérieures n'ont pas de concessions à faire, parce qu'elles ne jouissent plus d'aucun privilège. Dans la société contemporaine il n'existe pas de véritables classes distinctes, il n'existe que des *conditions économiques individuelles*, changeantes d'une heure à l'autre. A moins de renoncer à la propriété privée, il n'y a pas de transaction possible avec les socialistes, si toutefois on n'entend pas par ce mot, comme le dit M. Prins, « la conciliation entre les droits et les devoirs de chacun, le développement social, c'est-à-dire la morale de la fraternité, du désintéressement et de l'amour, substituée à la morale de l'égoïsme et de l'intérêt personnel [1] ». Mais alors il ne s'agit que d'un perfectionnement moral de la société entière, dont chacun formera dans son cœur les vœux les plus sincères pour que l'avenir puisse le réaliser.

En attendant, la tâche qui s'impose aux éléments sains, c'est de réunir toutes leurs forces en vue de prévenir une révolution forcenée qui produirait des maux incommensurables, en admettant même qu'elle ne livrât pas le monde en proie à la barbarie [2].

III

A cette révolution que l'on prévoit et qui a des adhérents, comme il arrive toujours, précisément dans les sphères sociales qui en subiront le premier

1. A. Prins, *L'organisation de la liberté et le devoir social*, p. 34. Paris, 1895.

2. « Nous avons un devoir à remplir. Nous ne devons pas nous laisser intimider par les injures, les calomnies, les menaces, le tapage et les cris de victimes que poussent les socialistes. Non seulement nous devons défendre contre eux les principes de liberté et de justice qu'ils veulent détruire, mais nous devons les attaquer, opposer propagande à propagande, défendre la liberté, la propriété, la légalité, la paix sociale, la patrie contre la tyrannie socialiste, contre le collectivisme, contre la guerre sociale ». Yves Guyot, *Les principes de 89 et le socialisme*, p. 21.

choc, il faut s'opposer par tous les moyens moraux et matériels dont disposent encore les classes dirigeantes.

Que la bourgeoisie haute et moyenne se guérisse en premier lieu des erreurs de raisonnement qui l'ont amenée en partie à applaudir aux chimères du socialisme.

Qu'elle s'efforce ensuite d'établir la discipline dans ses propres rangs et de faire renaître le principe d'autorité, qu'elle-même a si imprudemment secoué depuis plus d'un siècle.

Qu'elle donne la première l'exemple du respect aux lois, et cesse de répandre le ridicule et de jeter le discrédit sur toutes les institutions sociales.

Qu'elle ravive dans l'esprit de ses représentants et de tous ceux qui occupent des fonctions publiques, le sentiment de leur responsabilité, et qu'elle soit inexorable pour ceux qui ont abusé de leur pouvoir; parce que si le privilège légal a disparu, il n'en est pas moins vrai que notre société bourgeoise n'a pas su empêcher l'abus du pouvoir conféré par certaines situations. Elle n'a pas trouvé le moyen de briser les engrenages qui relient et subordonnent la vie politique à la spéculation privée. Elle n'a pas su rendre impossible non plus qu'on se serve des fonctions politiques dans des vues d'intérêt particulier, au détriment social, que cet intérêt soit personnel ou qu'il soit celui d'un groupe, d'une institution ou d'une classe [1].

Qu'elle se soumette, en un mot, à une cure reconstituante, et qu'elle reconnaisse humblement ses propres erreurs et ses propres folies.

Cela veut dire, pratiquement, que la société doit remettre en honneur les principes de la morale, et que ne pouvant espérer la réforme des hommes mûrs, elle doit agir sur l'enfance et sur la première jeunesse.

Les jacobins ridicules qui, depuis trente ans, tranchent en maîtres dans nos communes, ont commis la faute grossière d'abolir dans les écoles l'instruction religieuse, sauf à invoquer dans les moments de péril un Dieu abstrait, une espèce d'Être suprême à la Robespierre, qui n'est point le Dieu familier, toujours présent à la conscience de l'homme religieux dans chacune de ses actions, dans sa vie entière.

Il n'est plus possible d'attendre de l'athéisme l'éducation de l'enfance [3].

1. Voir à ce sujet dans la revue *Rivista per signorine*, Milan, 1er mars 1895, un article très élevé de Mme la comtesse Pasolini.

2. « Lorsque l'anarchie est dans l'esprit des bourgeois, comment ne descendrait-elle pas dans la masse du peuple? Pourquoi les bourgeois auraient-ils seuls le monopole de satisfaire leurs appétits, dès que les appétits et les intérêts servent uniquement de base à la société, que le principe d'autorité n'a pas de fidèles, et que la patrie même n'est qu'une figure oratoire? ». Frédéric Masson, *Napoléon chez lui*, introduction, p. XXVIII.

3. Une maîtresse d'école enseignait aux enfants que « *les*

L'enseignement moral n'a pas de sens, ou, tout au moins, pas d'efficacité, sans une base religieuse, — je dis plus, sans les émotions provoquées par les mystères de la religion. Au reste, l'enseignement de la morale n'a même pas été essayé. L'enseignement religieux aboli, les enfants n'entendent plus personne leur dire qu'il ne faut ni tuer, ni voler, ni tromper, et que l'homme doit aimer ses semblables et réprimer ses sentiments d'envie et de haine.

Que l'on recoure dans ce but au catéchisme catholique, à l'Évangile ou à d'autres lectures, cela m'est indifférent. Ce qui importe, c'est que la jeunesse entende parler de *devoirs*, c'est qu'elle apprenne qu'il existe des lois de conduite non créées par l'homme ni variables au gré de l'homme.

Il faut en outre que les livres d'enseignement ne contiennent pas la glorification des assassins historiques, depuis Harmodius et Brutus jusqu'à Agesilao Milano [1]. Si, en effet, la bourgeoisie va jusqu'à voir

deux rédempteurs de l'humanité » avaient été Jésus-Christ et Garibaldi.

Un examinateur demandait à un garçon le nom de cet « ouvrier » qui, sous le règne de Tibère, avait fondé une nouvelle religion en Judée.

On est arrivé en Italie jusqu'à supprimer l'enseignement de ce que l'on nommait « histoire sainte », rendant ainsi incompréhensibles dix siècles d'art et de littérature nourris de souvenirs bibliques. Voir F. Nobili-Vitelleschi, *Socialismo ed anarchia*, dans la *Nuova Antologia*, p. 279, 15 juin 1894.

1. Agesilao Milano, fanatisé par l'idée libérale, tenta en 1856 d'assassiner le roi Ferdinand II des Deux-Siciles.

en ce dernier un héros, comme elle l'a fait en inscrivant à Naples son nom sur une pierre commémorative, parmi les noms des victimes des révolutions libérales, il n'y a aucune raison pour défendre que Passanante, qui attenta aux jours du roi Humbert Ier, et Caserio, l'assassin du président Carnot, viennent occuper les autres places à côté de lui.

Les principes suprêmes de la morale n'admettent ni distinctions scolastiques ni ergoteries de gens de loi. Il faut que le crime soit toujours détesté, quel qu'en soit le mobile.

Tels sont les sentiments que l'école doit inspirer à l'enfant. Quant aux hommes aptes à cet enseignement, il ne faudrait pas les recruter parmi les jeunes gens des écoles normales, mécontents de n'avoir pu se livrer aux professions *libérales*, et qui acceptent par nécessité l'emploi de maître élémentaire, qu'ils considèrent comme trop humble et inférieur à leur mérite. Il faudrait les recruter au contraire parmi les hommes d'âge mûr, les pères de famille ou les ministres du culte, pourvu qu'ils possèdent une instruction suffisante et ne soient pas les ennemis de leur patrie. Et peu importe alors que n'ayant pas étudié les règles artificielles de la pédagogie ou ne sachant pas tout le Dante par cœur, ils ne possèdent pas de diplôme d'école normale.

Pour ce qui concerne l'enseignement supérieur, un gouvernement libéral ne peut certainement pas empêcher qu'un professeur libre, infatué des doctrines de Karl Marx, montre du doigt, dans le règne du collectivisme, la terre promise. Mais c'est ici que la contre-propagande peut utilement s'exercer. Aux erreurs du marxisme, qu'on oppose les théories de l'économie politique et de la sociologie positive, pour que les intelligences juvéniles ne restent pas à la merci de chimères qu'on leur présente comme les derniers résultats de la science[1].

IV

A des soins incessants pour empêcher que la nouvelle génération grandisse dans le mépris de toute loi humaine et divine, il faut ajouter des moyens aptes à faire obstacle le plus possible à la diffusion parmi le peuple des idées socialistes.

Que les ouvriers et les paysans disent entre eux ce qu'ils voudront, nulle force au monde ne sera en état de les en empêcher. Mais, d'un autre côté, on peut bien faire quelque chose pour limiter dans nos campagnes ou dans les ateliers l'importation d'erreurs qui n'y seraient jamais nées spontanément, mais qui acquièrent de la valeur pour les âmes simples, quand elles sont propagées par le moyen

1. Voir L. Fiorentini, *Socialismo ed anarchia*, p. XIII. Rome, 1895.

de la presse ou de conférences faites par des hommes cultivés et d'une classe sociale supérieure.

Qu'on expose les théories socialistes dans les livres ou dans les congrès d'économie politique, fort bien! On les discutera alors et on verra tout de suite qu'elles ne peuvent résister à la critique. Mais qu'on poursuive inexorablement les déclassés qui se font les missionnaires de la religion de la haine.

Sans l'aide des étudiants incapables d'étudier, des avocats sans causes et des journalistes sans lecteurs, ces idées n'auraient pas pénétré dans notre peuple. Nous n'avons pas ces immenses centres industriels où les ouvriers, qui ont sous les yeux le spectacle de la collectivité dans le mode de production, peuvent facilement concevoir l'idée de la co-propriété des machines, pour avoir droit aussi à la part due au capital. Mais en Italie, les agglomérations ouvrières sont peu nombreuses; et quant aux industries agricoles, il y a en beaucoup d'endroits le fermage à bail; dans d'autres, les paysans sont aussi propriétaires d'une partie du sol qu'ils cultivent, aidés par des travailleurs adventifs qu'on appelle *braccianti* (de ce qu'ils louent leurs bras, en italien *braccia*). L'idée qui peut surgir chez ceux-ci n'est certainement pas le système collectiviste, que leur cerveau ne parviendrait jamais à comprendre, mais la division des grandes propriétés territoriales; voilà leur aspiration unique, celle qui les pousse aux émeutes, et qui rend possible en Sicile et dans d'autres régions du Midi, l'explosion d'insurrections agraires. Ajoutons que s'il y a un peuple absolument réfractaire à la coopération forcée, c'est le peuple italien.

De son temps, le Tasse, jugeant avec une souveraine indulgence ses concitoyens, avait dit que

> alla virtù latina
> O nulla manca, o sol la disciplina.

(A la vertu latine il ne manque rien, ou peut-être ne manque-t-il que la discipline).

Pour l'Italien, toute coercition de la part de l'autorité est une vexation intolérable. Il n'y a pas d'exemple en notre pays d'un règlement quelconque auquel on obéisse tranquillement.

Les agents de police en savent quelque chose. Obligés de soutenir chaque jour des luttes acharnées pour faire respecter la loi; toujours injuriés, souvent maltraités, ils doivent, à toute heure, employer la force, sans jamais trouver d'aide chez des citoyens de n'importe quelle classe; et chaque année beaucoup d'entre eux, victimes ignorées du devoir, tombent sous le couteau des scélérats qu'ils avaient surpris en faute. Quelque nouvelle loi qu'on fasse, notre peuple ne se préoccupe que d'une seule chose : trouver le meilleur moyen de l'éluder.

Ce peuple répugne à tout genre de coopération,

parce qu'il s'y heurte toujours à une limitation de liberté. L'intolérance de tout frein est une des caractéristiques de l'Italien ; seul le service militaire, avec ses peines sévères et immédiates, parvient à en triompher pour quelques années. L'Italien à tous les moments de sa vie veut faire seulement ce qui lui plaît ; il ne s'associe pas aux autres dans les entreprises d'aucun genre, même dans celles qui ont pour but le divertissement; on a remarqué, par exemple, que chez nous seulement il n'a jamais été possible d'organiser des voyages d'agrément, avec itinéraire et vie en commun. Lorsque l'Italien se trouve faire partie d'un groupe quelconque, hors le groupe étroit de sa famille, c'est-à-dire sa femme et ses enfants, il emploie tous ses efforts pour en sortir au plus vite [1].

Est-ce donc là le peuple qui pourrait désirer et supporter la coopération forcée, perpétuelle, pour toutes les exigences de la vie sociale?

Si donc les socialistes ont du succès en Italie, cela provient de ce qu'ils s'adressent à des personnes qui ignorent jusqu'au premier mot du collectivisme. Ils en parlent dans leurs livres; mais c'est bien autre chose sur la place publique! Ce n'est pas la mise en commun des produits du sol qu'ils proposent au paysan; ce qu'ils font, c'est

1. Voir, sur ce caractère des Italiens, P. Turiello, *Governo e governati*, p. 123-135, tome I, 1re édition. Bologne, 1882.

l'exciter contre le gouvernement qui empêche de vendre cher et d'acheter à bon marché; et ils le poussent contre les « messieurs » qui « usurpent » le sol, en lui en enlevant *sa* part.

On a proposé d'organiser la contre-propagande, en réunissant de l'argent pour « répandre des opuscules et faire des conférences dans lesquelles on discuterait, pied à pied, les utopies socialistes, en parlant au peuple le langage du peuple, en suivant les orateurs socialistes sur le terrain où ils vous mèneraient, et en les invitant à des discussions contradictoires [1] »; moi, je crains que personne ne lirait les opuscules, et que, quant aux conférenciers, ils courraient souvent le risque d'être lapidés. Le soin d'expliquer aux ouvriers le mécanisme de la production, la nécessité où est le capital de retirer son profit, et de leur démontrer l'inanité des idées socialistes, ce soin devrait être confié aux directeurs des grands établissements, qui pourraient y procéder dans des conversations amicales avec les plus intelligents de leurs ouvriers.

Mais il est nécessaire encore que certaines obligations morales, reconnues par les classes supérieures dans toutes les relations sociales, ne soient pas négligées seulement dans les rapports du capitaliste avec l'ouvrier.

1. Idée exprimée par R. Alt dans un article du journal *Il Mattino* de Naples.

Seconder les efforts de l'honnête activité individuelle, c'est là le vrai moyen pour pousser la nature humaine vers le progrès social. Tout ce qui entretient dans le cœur de l'homme l'espérance d'un meilleur avenir, mérite le plus grand encouragement. Le sentiment naturel de justice qui se perfectionne avec la civilisation d'un peuple, exige toujours de plus en plus qu'on récompense la conduite la meilleure, et que la récompense soit d'autant plus grande que plus long et plus constant a été le service. De l'abandon cruel pratiqué par les sauvages à l'égard de leurs vieillards et de leurs infirmes, on en est venu graduellement, dans les sociétés civilisées, à assurer au contraire à ceux-ci le plus grand bien-être. Un maître riche ne chasse pas un vieux et fidèle domestique qui l'a servi pendant une grande partie de sa vie, mais lui laisse bien souvent, par testament, une pension viagère. Pourquoi ces sentiments ne devraient-ils pas se répandre dans le monde capitaliste? Il n'est plus conforme à la civilisation de congédier et d'abandonner sur le pavé des rues les ouvriers qui, après avoir travaillé toute leur vie dans une fabrique, sont, par suite de l'âge ou de la maladie, devenus inhabiles et inutiles.

On raconte qu'un seigneur napolitain chassa de ses écuries un vieux cheval qui l'avait servi en guerre, mais dont il ne savait plus que faire; or, il advint qu'en errant dans les rues, ce cheval se heurta à la porte d'une salle où le roi Robert siégeait dans son conseil. Le roi fit appeler le propriétaire du cheval; et, après lui avoir fait des reproches, l'obligea à donner sa parole de reprendre le pauvre animal et de le nourrir pendant toute sa vie.

Malheureusement, le roi Robert ne put sauver que ce seul cheval. Mais si l'ingratitude des hommes envers les animaux est inévitable, ne peut-on du moins espérer qu'elle disparaisse dans nos rapports avec nos semblables?

L'exemple donné par tous les États des pensions viagères à leurs employés au bout d'un long temps de service, devrait être suivi par les patrons d'ateliers, toutes les fois qu'ils en ont les moyens. La concentration des industries rendra plus facile l'établissement de *récompenses pour les ouvriers les meilleurs* et de *pensions pour les plus âgés et pour les infirmes*. Le capitaliste ne doit pas oublier que, en dehors des pactes du contrat, il y a quelque chose qui conserve éternellement son empire. Cette idée a été splendidement formulée en ces termes par Léon XIII : *Esto igitur ut opifex atque herus libere in idem placitum consentiant,* SUBEST TAMEN SEMPER ALIQUID EX JUSTITIA NATURALI, *idque libera paciscentium voluntate majus* ET ANTIQUIUS [1]. Aussi M. Th.

1. Léon XIII, *De conditione opificum.*

Ziegler a-t-il eu peut-être raison de dire que *la question sociale n'est qu'une question morale.*

L'octroi de récompenses aux ouvriers de conduite irréprochable et qui ont travaillé consciencieusement pendant un grand nombre d'années, pourrait se convertir pour eux en une participation aux gains. Cette idée n'a pas l'étendue de celle de Schmoller, pour lequel la participation aux gains devrait devenir la règle, de manière que chaque ouvrier recevrait, outre son salaire, une quote-part déterminée du profit. Dans ce système, pour ne pas dire autre chose, l'avantage même des ouvriers deviendrait illusoire, parce que, par compensation, les salaires seraient vite réduits. Et en outre, comme l'observe M. Ziegler, des défiances seraient éveillées chez les ouvriers, qui craindraient d'être trompés et prétendraient revoir les comptes et délibérer aussi sur la manière de conduire l'entreprise.

Dans la discussion du 20 novembre 1894 à la Chambre des députés en France, MM. Goblet et Lemire ont soutenu ce système, et le premier a même proposé, assez légèrement, il me semble, que la première application en soit faite par l'État dans les industries dépendant du gouvernement.

La proposition de la participation, *accordée comme récompense et exceptionnellement*, n'aurait pas les inconvénients de celle de Schmoller. Le sacrifice que consentiraient les actionnaires serait compensé par l'affluence des meilleurs ouvriers, qui abandonneraient les maisons où l'on ne voudrait pas leur accorder ces récompenses. D'ailleurs, la force de l'exemple est très grande; il entraîne tout le monde, ou à peu près, comme on le voit, pour ne citer qu'un cas, en ce qui concerne l'observation du repos du dimanche; et quand les sociétés les plus importantes se mettraient d'accord pour introduire ce système avec des règles uniformes, l'avantage serait universel. Il y aurait peut-être une légère augmentation des prix; mais les ouvriers auraient devant eux la possibilité d'un meilleur avenir, ce qui les rendrait sourds aux vaines promesses des agitateurs; et cela pourrait devenir un des principaux moyens de pacification sociale.

D'un côté donc, une récompense à la fidélité et à l'activité continues; de l'autre, une indemnité convenable dans les cas de malheur, sans que l'ouvrier soit pour cela obligé de s'adresser à la justice, — telles sont les mesures de prévoyance sur lesquelles devraient se mettre d'accord toutes les grandes sociétés industrielles, et grâce auxquelles l'ouvrier commencerait à avoir une existence moins précaire, et, en concevant l'espérance d'un meilleur avenir, se sentirait uni par un lien plus étroit à ceux dont dépend son sort.

Et je reviens ici à l'idée que j'ai exprimée dès le début de cette étude : ce n'est pas dans le prolétariat qu'il faut faire la propagande anti-socialiste; c'est bien plutôt dans les classes supérieures qu'il faut la faire incessamment. Cette propagande ne doit toutefois pas se borner à inciter à la résistance; elle doit aussi suggérer (sans aucune concession sur les principes) les moyens qui, en même temps qu'ils sont dictés par un sentiment élevé d'équité, contribueront à rendre les ouvriers affectionnés à leurs patrons, même au prix de quelques légers sacrifices qui seront largement compensés par la sécurité recouvrée.

Tout par sentiment d'humanité; rien par acquiescement à de prétendus droits : telle doit être la devise des classes supérieures. Nous verrons alors s'évanouir cette effervescence d'instincts rapaces qui est la seule chose que le peuple gagne aux enseignements des socialistes.

Quant à l'assurance obligatoire et à la bienfaisance organisée par l'État, la première de ces deux institutions, nous l'avons déjà vu (chap. Ier), a très mal réussi dans le seul pays qui l'ait adoptée, l'Allemagne, et les premiers à en être mécontents, et pour d'excellentes raisons, sont les ouvriers eux-mêmes.

La seconde, la bienfaisance publique ou d'État, a beaucoup plus mal réussi encore, car son seul résultat a été l'encouragement à la paresse et à la mendicité.

En revanche, on doit toujours pousser davantage les riches à venir en aide à ceux qui méritent d'être secourus dans leur misère, et à encourager de leur bourse les associations de travailleurs qui se proposent l'unique but de l'assistance mutuelle.

Une saine réforme sociale doit aboutir nécessairement à imposer à la société, comme un devoir strict, l'entretien de ses membres qui se trouvent dans l'impossibilité de travailler, enfants, infirmes et vieillards. Comme le dit très bien M. Th. Ziegler en parlant de ces derniers, « il est impossible que la vie de ces hommes soit abandonnée au hasard de la bienfaisance privée [1] », intermittente et incertaine de sa nature.

Que l'on interdise aux provinces et aux communes le luxe des établissements gratuits d'instruction classique ou professionnelle, et encore plus sévèrement celui des fêtes, des théâtres, et des monuments élevés aux « grands hommes » ignorés du lieu. Mais que, avec les sommes ainsi épargnées, chaque province, chaque grosse commune et les petites communes associées entre elles, créent des hôpitaux suffisants pour *tous* les malades pauvres, et, en outre, des asiles pour les vieillards, pour les aveugles, pour les sourds-muets et pour les enfants abandonnés, de façon que la place *ne manque*

1. Th. Ziegler, *op. cit.*, p. 137.

jamais à quiconque en a un besoin urgent, et qu'on n'ait plus sous les yeux ce spectacle cruel de convalescents et de malades chroniques jetés à la porte, sous prétexte qu'ils ne sont plus obligés de garder le lit.

Que l'on ne tolère plus le vagabondage des enfants à travers les rues des grandes villes, et que l'on enlève inexorablement à leurs parents ceux qu'ils laissent errer par incurie ou dans un but de mendicité. Il ne suffit pas de les accueillir pour quelques nuits dans un asile public. S'ils n'ont pas de parents qui puissent ou veuillent les élever, l'État remplacera légitimement ceux-ci, pour que ne s'accroisse pas toujours de nouveaux contingents la population des mendiants et des mauvais sujets.

Reste le problème des hommes adultes et valides, mais inoccupés. Logiquement, — comme je l'ai déjà remarqué [1] —, il n'y a pas de différence entre celui qui ne peut travailler par infirmité ou vieillesse, et celui qui ne peut travailler *parce qu'il ne trouve pas de travail.*

Une différence existe seulement en ceci : que l'infirmité et la vieillesse sont des choses manifestes, tandis que l'impossibilité de trouver du travail ne peut être prouvée le plus souvent d'une manière

1. Voir chap. II et III.

certaine. Aussi, si l'on posait en principe que quiconque n'a pas réussi à se procurer une occupation a le droit d'être nourri aux frais de la société, on ne ferait que créer une immense et toujours croissante population parasitaire. La Rome impériale, qui commit cette erreur, alimentait trois cent mille prolétaires oisifs. Ce point est trop évident pour qu'il soit nécessaire d'y insister.

Mais s'ensuit-il de cela que, pour l'adulte inoccupé et bien portant, on ne doive absolument rien faire? Non, car s'il peut prouver d'une façon irrécusable qu'il a inutilement tenté tous les moyens pour gagner son pain, ou que, sans qu'il y ait de sa faute, il a perdu ses moyens de subsistance, — comme cela arrive dans le cas de soudaine réduction du nombre des ouvriers d'un établissement, — son droit à l'assistance n'est pas moindre que celui du malade ou de l'invalide.

Seulement, il est bien difficile que l'administration publique puisse faire de telles recherches. Des associations spéciales devraient en charger des personnes non seulement charitables, mais assez intelligentes et expertes pour démasquer les oisifs et savoir distinguer ceux qui réellement méritent d'être secourus. Voilà ce que devrait être la vraie mission des classes supérieures, et ce qui, en dépit des railleries des socialistes, leur attirerait les bénédictions du peuple.

Quand les riches sauront préférer à leurs plaisirs la tâche d'adoucir les douleurs d'une portion de l'humanité et de lutter contre le mal et l'injustice répandus dans le monde, on ne pourra plus les taxer de parasitisme, parce qu'*eux aussi seront des travailleurs*. Le travail qu'ils auront accompli sera le plus noble et le plus saint, et il aura sa récompense dans la joie divine que l'on éprouve toutes les fois qu'on peut sécher des larmes.

La société, d'autre part, ne doit pas prêter l'oreille aux socialistes masqués en économistes et en philanthropes, qui, pour la ruiner plus facilement, veulent commencer par lui enlever ses moyens de défense.

Les armées permanentes ne peuvent ni ne doivent être abolies. Que l'on réduise le nombre de soldats dès que les États de l'Europe se seront fraternellement rapprochés, en renonçant aux idées de conquête et de revendication, et en éloignant toute possibilité de cette chose barbare et détestable qu'est la guerre; mais que, en sens inverse, on consolide toujours davantage les rouages de l'armée, en y maintenant la plus sévère discipline. « L'ordre intérieur de la société européenne, on l'a fait observer, durera aussi longtemps que durera la discipline des armées[1] ».

1. G. Savarese, *op. cit.*, p. 24.

Une noble dame qui voit dans les armées permanentes la seule digue contre le débordement de la barbarie, ajoute cette phrase heureuse : « Nous assistons à un spectacle nouveau dans l'histoire : l'acheminement vers la barbarie par le moyen des idées, et l'acheminement vers la civilisation par le moyen des canons[1] ».

On ne doit pas non plus transiger sur la proportionnalité des impôts. Dès 1848, M. Thiers a démontré d'une façon lucide, dans son excellent livre sur *La Propriété*, que l'impôt progressif signifie déjà le socialisme en action. La règle de la proportionnalité égale pour tous une fois supprimée, il n'y aurait plus que confusion. La société agirait « comme ce marchand qui, en voyant arriver un riche étranger à sa porte, se dit : Ce monsieur est riche, il payera plus cher. Quand il s'agit de frivolités d'une faible valeur, on peut sourire de cette intention de faire payer différemment les mêmes choses;... ce qui n'a plus de bornes, ce qui devient un vrai pillage, s'il s'agit de valeurs considérables... Sortis de la règle, qui est le mur de clôture, vous avez envahi le champ du voisin, pour en prendre ce qu'il vous plait, beaucoup ou peu, selon votre jugement... Vous me prendrez plus ou moins suivant votre humeur, mais je dépends de vous

1. Comtesse Alessandra Polozow, *Conferenza sul socialismo*, p. 23. Naples, 1893. — Voir aussi G. Le Bon, *op. cit.*, p. 160.

comme en Orient on dépend d'un pacha, et sur les grandes routes de la Calabre ou de la Catalogne, d'un chef de bande. Les chefs de bande ne sont pas toujours sans pitié. On en cite plusieurs en Italie et en Espagne, à qui de belles prisonnières avaient touché le cœur par leurs larmes, et qui leur rendaient leur argent, en respectant leur honneur et leur vie. Je n'ai cependant jamais entendu dire que les grandes routes, la nuit, en certains pays, fussent la véritable image de l'état social, et j'espère que de révolution en révolution nous n'en arriverons pas à ce degré d'intelligence de principes de justice et de liberté[1] ».

Il est nuisible aussi d'exempter absolument de tout impôt les petites fortunes, parce que cette exemption rend un grand nombre de propriétaires indifférents aux événements politiques, auxquels il faut au contraire les intéresser par tous les moyens possibles.

A ce propos, il ne serait pas inutile de rechercher les raisons de l'abstentionnisme de la haute bourgeoisie, qui augmente toujours davantage, spécialement dans les grands centres, où, si souvent, en Italie comme en France, la lie de la population triomphe dans les élections. Parmi ces raisons, je crois pouvoir indiquer les deux suivantes : 1° la persuasion où l'on est de l'effet nul des quelques

1. A. Thiers, *De la Propriété*, p. 303, 305, 307, 311, 312. Paris, édition de 1868.

votes que peut émettre la classe élevée, en comparaison du nombre immense de votes des classes inférieures; 2° le sentiment d'humiliation du propriétaire et de l'homme instruit, en voyant son vote mis sur la même ligne que celui de l'individu le plus ignorant, le plus misérable et le plus corruptible.

Si l'on veut absolument conserver le suffrage universel, il faut établir au moins quelque différence entre le vote de l'homme qui a passé sa vie dans l'étude ou dans les emplois publics, ou qui contribue, par le versement annuel de nombreux milliers de francs dans les caisses de l'État, au budget national, et le vote de celui qui ne sait rien et ne donne rien. Le suffrage multiple accordé à certaines catégories de personnes, déjà proposé par Stuart Mill[1], adopté aujourd'hui en Belgique, est un juste contrepoids au suffrage universel. Mais si l'on trouve que ce système a des inconvénients (quel système n'en a pas d'ailleurs?), il faut en tout cas abandonner la représentation du nombre, pour aller, selon la proposition de M. A. Prins, aux divisions organiques et à la représentation des groupes[2]. Si l'on n'adopte pas l'un ou l'autre de ces systèmes, on ne ramènera pas aux urnes les abstentionnistes.

1. John-Stuart Mill, *Considerations on representative government*, chap. VIII, p. 71-72. Il tirait le critérium de la pluralité des suffrages du degré d'intelligence et de culture indiquées par les occupations ou par la profession de chacun.

2. A. Prins, *op. cit.*, chap. VII.

V

Si l'État doit concourir à l'assistance publique, il doit s'abstenir complètement de toute intervention dans les rapports entre le capital et le travail. Tout acte de l'État qui n'a pas en vue la sauvegarde de l'ordre et qui tend à favoriser les capitalistes ou les ouvriers, est un acte arbitraire et étranger à sa mission; il marquerait la première étape de la révolution, dont le mouvement deviendrait alors irrésistible. Toute transaction quelconque offerte par les révolutionnaires doit être repoussée sans hésitation, parce que l'État, en transigeant, reconnaîtrait la légitimité du mouvement qui tend à le détruire. La politique de concessions suivie par des monarques faibles et peu intelligents, les a conduits à la prison et à l'échafaud. Mais, dans les révolutions politiques, il ne pouvait tomber qu'une couronne ou qu'une dynastie; l'État demeurait toujours debout, la forme seule du gouvernement était changée. Au contraire, la révolution sociale veut tuer l'État quel qu'il soit. Pactiser avec elle serait aussi stupide que honteux. Aussi, dans les assemblées législatives, faut-il savoir *toujours* repousser n'importe quelle proposition par laquelle les socialistes tentent de faire faire un pas à leurs idées. Il faut imiter l'exemple donné en

France par la Chambre des députés, qui, le 20 novembre 1894, approuva la décision du gouvernement de refuser à la commune de Baudray la faculté de fonder une pharmacie gratuite et un bureau également gratuit de consultations judiciaires, bien que, surtout dans la première de ces propositions, il y eût — comme disait le ministre Dupuy — « un coefficient de sentiment ».

Mais l'assistance publique, dans les limites indiquées plus haut, ne signifie nullement ou concession ou transaction. Cela est si vrai, que les socialistes révolutionnaires repoussent aujourd'hui dédaigneusement tout ce qui a l'aspect de secours ou de subside.

Du point de vue des libéraux, on peut observer que s'ils admettent l'existence d'un ministère de l'agriculture, d'un ministère des postes et d'un ministère de l'instruction publique, ils peuvent aussi admettre que l'on organise l'assistance de ceux qui la méritent. Toute la différence entre nos idées et celles des socialistes d'État peut se réduire à ces derniers mots : *ceux qui la méritent*. Mais cette différence est immense. Ces mots signifient que seuls les *vrais malheureux*, et non les mécontents et les déclassés, ont droit à être secourus. La main bienfaisante de la société doit s'étendre pour calmer une douleur aiguë, pour récompenser l'activité prolongée, pour aider les inhabiles, pour relever les tombés ; elle ne doit pas tenter de satisfaire les besoins de tous, qui sont aussi illimités que les désirs.

Les vérités de l'économie politique classique, excommuniée par les socialistes et par eux raillée comme « bourgeoise », resplendissent d'une lumière toujours plus vive.

Mais dans les relations d'homme à homme intervient l'élément de la bienveillance, qui tempère la rigidité des lois économiques universelles. Il est impossible de ne pas en tenir compte dans la législation sociale. Il n'est pas douteux que les sentiments d'humanité doivent avoir leur place parmi les intérêts publics que l'État est chargé de garantir. Déterminer la limite dans laquelle ces sentiments doivent prévaloir sur les intérêts égoïstes des individus, ce n'est pas là, sans doute, chose facile; mais c'est en cela qu'on peut apprécier la valeur de l'homme d'État moderne [1].

1. « Dans un pays démocratique comme le nôtre, on ne peut pas soutenir que l'État doit s'occuper uniquement de la sécurité des personnes. On doit lui prêter un autre souci, sans le faire sortir, plus qu'il ne convient, du rôle qu'il est appelé à jouer dans la société... L'État doit avoir la préoccupation constante des caisses d'épargne et des sociétés de secours mutuels ». Léon Say, *Le socialisme d'État*, p. 211, 214. Paris, 1890.

FIN

APPENDICES

APPENDICE A

(Chapitre I)

HERBERT SPENCER ET LE SOCIALISME

Quelques écrivains ayant prétendu que Herbert Spencer n'était pas un adversaire du socialisme, et que le socialisme n'était qu'une dérivation de la théorie de l'évolution soutenue par cet auteur et par Darwin, M. Fiorentini, l'auteur du livre *Socialisme et Anarchie*, s'est adressé à M. Spencer et en a obtenu la réponse suivante [1] :

Londres, 12 juin 1895.

« Cher monsieur,

« J'ai été très irrité, je pourrais même dire indigné, par l'opinion qui, à ce que vous me dites, a été répandue sur mon compte, que mes idées soient favorables au socialisme.

1. Ne possédant pas l'original anglais de cette lettre, nous ne pouvons que la traduire d'après la traduction italienne publiée par les journaux.

« Il eût été impossible d'avancer un jugement plus contraire absolument à la vérité.

« Moi qui, dans mon pays et à l'étranger, ai toujours été considéré comme un porte-étendard de l'individualisme, je ne puis que m'étonner de l'audace de quiconque tâche de se servir de mon nom pour soutenir le socialisme; et je ne suis pas moins surpris que le nom de Darwin puisse être employé pour le même but.

« Dès que j'ai commencé à écrire, je n'ai fait aucun mystère de mon hostilité envers le socialisme. La doctrine de la sélection, telle que je l'ai exposée pour les applications sociales en 1850 et ensuite en 1852, et telle que M. Darwin l'a si largement exposée dans son « Origine des espèces », est diamétralement opposée à la doctrine des socialistes, et quiconque prétend se servir de mes idées au profit du socialisme, ou bien ignore complètement ce que sont mes idées, ou bien, s'il en a pris connaissance, est coupable de la plus grande des altérations (*misrepresentation*). J'ai souvent déclaré autrefois ma persuasion que l'avènement du socialisme serait le plus grand désastre que le monde aurait jamais éprouvé, et que la fin en serait le despotisme militaire.

« Je vous autorise pleinement à publier cette lettre.

« HERBERT SPENCER. »

APPENDICE B

(Chapitre IV)

LES NÉVROSES ET LE COLLECTIVISME

A propos de la guérison des maladies par le socialisme, M. Enrico Ferri riposte[1] que je n'ai pas lu son livre attentivement; que si je l'avais fait, j'aurais appris que le rapport entre les maladies nerveuses et la propriété n'est pas une fable, parce que, dit-il, il est incontestable que la misère est une des causes principales de la dégénération humaine; or, si la misère disparait — comme les socialistes l'ont démontré! — par la socialisation de la terre et des instruments de travail, il est naturel qu'ainsi sera tarie la source principale de la dégénération dans les formes chroniques et épidémiques des maladies, crimes, folie, etc.

Voilà un enchaînement très logique de propositions qui n'ont qu'un défaut : celui d'être des affirmations gratuites. D'abord, si le plan du collectivisme était réalisable, ce qui disparaîtrait, ce serait la richesse

1. *Discussioni positiviste sul socialismo*, dans la *Rivista di sociologia*, avril. Palerme, 1895.

individuelle; quant à la misère, il est fort douteux que le fait de la socialisation du sol et des intruments de travail soit suffisant pour la faire disparaître. Ce que les socialistes pourront faire, ce sera de niveler, mais il n'est pas en leur pouvoir d'augmenter les sources de la richesse publique ni d'empêcher que la plupart de ces sources soient taries par le mouvement même de révolution économique qu'ils voudraient accomplir. Il y a de bonnes raisons (le lecteur l'a déjà vu au chap. 1er) pour croire que, au lieu d'une augmentation, il y aurait un abaissement général de la richesse publique, ce qui, en neutralisant l'avantage des capitaux fondus dans la communauté, placerait tout le monde au même niveau économique actuel des classes les plus pauvres.

Les socialistes ne s'arrêtent pas à ces questions; ils passent outre avec leur désinvolture habituelle, et voilà que la fin de la misère dans le socialisme devient un aphorisme dont ils se servent ensuite pour leurs syllogismes. Admettons-le pour un instant, cet aphorisme. Est-ce que le socialisme arrêterait la dégénération humaine, en donnant à tous les hommes une égalité économique dans laquelle ils ne manqueraient pas du nécessaire? Mais les hommes, aux débuts de la société, n'étaient-ils pas tous dans des conditions économiques semblables? Pourquoi les uns devinrent-ils ensuite des misérables, pendant que les autres s'enrichissaient? La dégénération dont nous parle M. E. Ferri comme *l'effet avéré de la misère*, n'a-t-elle pas été bien souvent, au contraire, *ce qui a causé la misère*? C'est le caractère apathique, c'est la névrasthénie morale qui ont rendu des gens incapables de toute activité. Ils sont tombés alors dans la misère, et voilà les légions de fainéants et de vagabonds, plaie de toute société, qui ne manqueraient pas plus dans la société collectiviste que dans toute autre. Sans doute, la misère a joué son rôle à son tour; en réagissant sur des organismes mous et inactifs, elle les a encore plus appauvris; la dégénération s'est ainsi accrue, et elle est devenue incurable. Voilà deux mouvements parallèles, selon l'heureuse expression de M. Carelli : dégénération et misère [1].

Ainsi donc, j'ai bien le droit de dire à M. Ferri, qui nous a obligé à remonter si haut dans les origines de la pathologie sociale, que sa thèse n'est pas démontrée, parce qu'il n'est pas prouvé du tout que la misère ait précédé la dégénération, mais qu'il y a lieu de supposer que, au début, la misère a été, au contraire, l'effet de la dégénération, et que, ensuite, les deux phénomènes se sont entrelacés ensemble et poursuivront ainsi leur course jusqu'à la fin des siècles.

Un dernier mot : les névroses, effet de dégénération, sont-elles l'apanage exclusif des classes pauvres? Si on nous parle de cette névrose si répandue de nos jours et qui consiste dans une surexcitation morbide de l'appareil nerveux, on la trouve bien plus souvent dans les classes moyennes et supérieures, parmi ceux qui sont les victimes du surmenage intellectuel.

Quant aux grandes névroses, telles que l'hystérie et l'épilepsie, elles font également des ravages partout,

1. Voir son *Appendice* à ma *Criminologie*, 2e édition italienne, p. 527-532. Turin, 1891.

et on peut bien dire d'elles que, comme la mort décrite par Horace, elles frappent

> Æquo .... pede
> Pauperum tabernas, regumque
> Turres.

Si la fortune ne suffit pas pour empêcher ces maux, est-ce qu'on pourrait en espérer la fin par le collectivisme, quand même on suppose que par ce système il n'y aurait plus de misérables?

INDEX DES NOMS CITÉS

TABLE DES MATIÈRES

CHAPITRE I

La science du socialisme.

CHAPITRE II

La logique du socialisme.

CHAPITRE III

La morale du socialisme.

CHAPITRE IV

La civilisation du socialisme.

CONCLUSION

Le défense de la société.

APPENDICES

Coulommiers. — Imp. Paul BRODARD. — 260-95.

AGUILERA. **L'idée de droit en Allemagne,** depuis Kant jusqu'à nos jours. 1 vol. in-8° .... 5 fr.

BAGEHOT (W.). **Lois scientifiques du développement des nations.** 1 vol. in-8°. 5° édit.; cart. à l'angl... 6 fr.

BARNI (J.). **La morale dans la démocratie.** 1 vol. in-8°, 2° édit........ 5 fr.

BERTAULD, sénateur. **L'Ordre social et l'Ordre moral.** 1 vol. in-12. 2 fr. 50

— **La Philosophie sociale.** In-12. 2 fr. 50

BLANC (Louis). **Discours politiques** (1848-1881). 1 vol. in-8..... 7 fr. 50

BLANQUI (Aug.). **Critique sociale,** *capital et travail,* 2 vol. in-12..... 7 fr.

BOILLEY. **La législation internationale du travail.** 1 vol. in-12........ 3 fr.

BOURDEAU (J.). **Le socialisme allemand et le nihilisme russe.** 1 vol. in-12, 2° édit............... 3 fr. 50

BRIDEL (Louis), **Le droit des femmes et le mariage.** 1 vol. in-12. 2 fr. 50

COSTE (Ad.). **Les conditions sociales du bonheur et de la force.** 1 vol. in-12. 3° édit.............. 2 fr. 50

— **Hygiène sociale contre le paupérisme.** 1 vol. in-8°........... 6 fr.

— **Les Questions sociales contemporaines** (avec la collaboration de MM. A. BURDEAU et L. ARRÉAT). 1 fort vol. in-8°.................. 10 fr.

— **Nouvel exposé d'économie politique et de physiologie sociale.** 1 vol. in-18................... 3 fr. 50

— **La Richesse et le bonheur.** Simple exposé des moyens les plus sûrs pour y parvenir. 1 vol. in-32 de la *Bibliothèque utile.* Br. 60 c.; en cart. angl. 1 fr.

— **Alcoolisme ou épargne,** *le dilemme social.* 1 vol. in-32 de la *Bibl. utile.* 3° édit. Br. 60 c.; en cart. angl. 1 fr.

DESCHANEL (Em.), sénateur. **Le peuple et la bourgeoisie.** 1 vol. in-8°. 5 fr.

DREYFUS (Camille), ancien député. **L'évolution des mondes et des sociétés.** 1 vol. in-8°. 3° édit.; cart. à l'angl. 6 fr.

FRANCK (Ad.), de l'Institut. **Les rapports de la religion et de l'État.** 1 vol. in-12. 2° édition.................. 2 fr. 50

— **Philosophie du droit civil.** 1 vol. in-8°.......................... 5 fr.

GREFF (de). **Les lois sociologiques.** 1 vol. in-12.. .... 2 fr. 50

GUÉROULT (Georges). **Le Centenaire de 1789,** évolution politique, philosophique, artistique et scientifique de l'Europe. 1 vol. in-12..... 3 fr. 50

HERBERT SPENCER. **Introduction à la science sociale.** 1 vol. in-8°. 11° édit.; cart. à l'angl................. 6 fr.

— **Principes de sociologie.** 4 vol. in-8°, traduits par MM. Cazelles et Gerschel. Tome I. 10 fr. — Tome II. 7 fr. 50. — Tome III. 15 fr. — Tome IV. 3 fr. 75

— **Essais sur le progrès.** Traduit par M. A. Burdeau, député. 1 vol. in-8°. 5° édit..................... 7 fr. 50

— **Essais de politique,** traduit par M. A. Burdeau, député. 1 vol. in-8° 3° édit..................... 7 fr. 50

— **L'individu contre l'État** 1 vol. in-12. 4° édit.................... 2 fr. 50

JANET (Paul), de l'Institut. **Les origines du socialisme contemporain.** 1 vol. in-12. 2° édit.............. 2 fr. 50

— **Philosophie de la Révolution française.** 1 vol in-12. 5° édit... 2 fr. 50

— **Histoire de la science politique dans ses rapports avec la morale.** 2 forts vol. in-8°. 3° édit. revue. 20 fr.

LE TAINTURIER (Jules). **Le Socialisme devant le bon sens.** 1 v. in-18. 1 fr. 50

LORIA (Achille). **Les bases économiques de la constitution sociale.** 1 vol. in-8°................ 7 fr. 50

MARION (H.), professeur à la Sorbonne. **De la solidarité morale.** 1 vol. in 8°. 3° édit..................... 5 fr.

PARIS (le Comte de). **Les associations ouvrières en Angleterre.** (Trades-unions.) 1 vol. in-12.......... 1 fr.

PICAVET. **Les idéologues,** histoire des idées et des théories scientifiques, philosophiques, religieuses et politiques en France, depuis 1789. 1 vol. in-8°................... 10 fr.

QUINET (Edgar). **La république, conditions de régénération de la France.** 1 vol. in-12. 2° édition...... 3 fr. 50

— **L'Esprit nouveau.** 1 v. in-12. 3 fr. 50

ROBERTY (de). **De la sociologie.** 1 vol. in-8°, 3° édit. Cart. à l'anglaise. 6 fr.

SPULLER (E.), sénateur. **L'évolution politique et sociale de l'Église.** 1 vol. in-12................... 3 fr. 50

— **L'éducation de la démocratie.** 1 vol. in-12..................... 3 fr. 50

STUART MILL. **L'utilitarisme.** 1 vol. in-12. 2° édition.......... 2 fr. 50

— **La Révolution de 1848 et ses détracteurs,** traduit de l'anglais et précédé d'une préface par M. SADI CARNOT. 1 vol. in-18, 2° édition... 1 fr.

VIGOUREUX. **L'avenir de l'Europe,** politique de sentiment et politique d'intérêt. 1 vol. in-12........... 3 fr. 50

Envoi franco contre mandat-poste.

Coulommiers. — Imp. PAUL BRODARD. — 80-95.

BIBLIOTHÈQUE DE PHILOSOPHIE CONTEMPORAINE

155 volumes in-8°, brochés, à 5 fr., 7 fr. 50 et 10 fr.

AGASSIZ. — L'espèce et les classifications. 5 fr.
STUART MILL. — Philosophie de Hamilton. 10 fr.
— Mes mémoires. 3e édition. 5 fr.
— Système de logique. 2 vol. 20 fr.
— Essais sur la religion. 2e édit. 5 fr.
HERBERT SPENCER. — Premiers principes. 10 fr.
— Principes de psychologie. 2 vol. 20 fr.
— Principes de biologie. 2e édit. 2 vol. 20 fr.
— Principes de sociologie. 4 vol. 36 fr. 25
— Essais sur le progrès. 5e édit. 7 fr. 50
— Essais de politique. 3e édit. 7 fr. 50
— Essais scientifiques. 2e édit. 7 fr. 50
— De l'éducation. 9e édit. 5 fr.
— Introd. à la science sociale. 11e édit. 6 fr.
— Bases de la morale évolutionniste. 5e éd. 6 fr.
COLLINS. — Résumé de la philosophie de Herbert Spencer. 2e édit. 10 fr.
AUGUSTE LAUGEL. — Les problèmes (de la nature, de la vie, de l'âme). 7 fr. 50
EMILE SAIGEY. — Les sciences au XVIIIe siècle, la physique de Voltaire. 5 fr.
PAUL JANET. — Causes finales. 3e édit. 10 fr.
— Histoire de la science politique dans ses rapports avec la morale. 3e édit. 2 vol. 20 fr.
— Victor Cousin et son œuvre. 3e édit. 7 fr. 50
TH. RIBOT. — Hérédité psychologique. 7 fr. 50
— Psychologie anglaise contemporaine 7 fr. 50
— La psychologie allem. contemp. 7 fr. 50
ALF. FOUILLÉE. — La liberté et le déterminisme. 2e édit. 7 fr. 50
— Critique des systèmes de morale contemporains. 7 fr. 50
— La morale, l'art et la religion d'après M. Guyau. 3 fr. 75
— L'avenir de la métaphysique. 5 fr.
— L'évolutionnisme des idées-forces. 7 fr. 50
— Psychologie des idées-forces. 2 vol. 15 fr.
— Caractère et Tempérament. 7 fr. 50
DE LAVELEYE. — De la propriété et de ses formes primitives. 4e édit. 10 fr.
— Gouvernement d. la démocratie. 2 vol. 15 fr.
BAIN. — La logique déductive et inductive. 3e édition. 2 vol. 20 fr.
— Les sens et l'intelligence. 3e édit. 10 fr.
— Les émotions et la volonté. 10 fr.
— L'esprit et le corps. 4e édit. 6 fr.
— La science de l'éducation. 6e édit. 6 fr.
MAT. ARNOLD. — La crise religieuse. 7 fr. 50
FLINT. — La philosophie de l'histoire en Allemagne. 7 fr. 50
LIARD. — Descartes. 5 fr.
— Science positive et métaphysique. 7 fr. 50
GUYAU. Morale anglaise contemp. 3e éd. 7 fr. 50
— Problèmes de l'esthétique contemp. 7 fr. 50
— Esquisse d'une morale sans obligation ni sanction. 3e édit. 5 fr.
— L'art au point de vue sociologique. 5 fr.
— Hérédité et éducation. 3e édit. 5 fr.
— L'irréligion de l'avenir. 5e édit. 7 fr. 50
HUXLEY. — Hume, vie, philosophie. 5 fr.
E. NAVILLE. — La physique moderne. 5 fr.
— La logique de l'hypothèse. 2e édit. 5 fr.
— Définition de la philosophie. 5 fr.
E. VACHEROT. — Philosophie critique. 7 fr. 50
— La religion. 7 fr. 50
H. MARION. — Solidarité morale. 5 fr.
SCHOPENHAUER. — Sagesse dans la vie. 5 fr.
— De la quadruple racine du principe de la raison suffisante. 5 fr.
— Le monde comme volonté, etc. 3 v. 22 fr. 50
J. BARNI. — Morale dans la démocratie. 5 fr.
LOUIS BUCHNER. — Nature et science. 7 fr. 50
JAMES SULLY. — Le pessimisme. 2e édit. 7 fr. 50
L. FERRI. — Psychol. de l'association. 7 fr. 50
MAUDSLEY. — Pathologie de l'esprit. 10 fr.
CH. RICHET. — L'homme et l'intelligence. 10 fr.
SÉAILLES. — Essai sur le génie dans l'art. 5 fr.
PREYER. — Eléments de physiologie. 5 fr.
— L'âme de l'Enfant. 10 fr.
A. FRANCK. — La philos. du droit civil. 5 fr.
WUNDT. — Eléments de psychologie physiologique. 2 vol. avec fig. 20 fr.

BERNARD PÉREZ. — Les trois premières années de l'enfant. 5e édit. 5 fr.
— L'enfant de trois à sept ans. 3e édit. 5 fr.
— L'éducation morale dès le berceau. 2e éd. 5 fr.
— L'art et la poésie chez l'enfant. 5 fr.
— Le caractère (de l'enfant à l'homme). 5 fr.
LOMBROSO. — L'homme criminel. 2 vol. et atlas. 36 fr.
— L'homme de génie, avec 11 pl. 10 fr.
LOMBROSO et LASCHI. — Le crime politique et les révolutions. 2 vol. 15 fr.
E. DE ROBERTY. — L'ancienne et la nouvelle philosophie. 7 fr. 50
— La philosophie du siècle. 5 fr.
FONSEGRIVE. — Le libre arbitre. 2e éd. 10 fr.
G. SERGI. — Psychologie physiologique. 7 fr. 50
L. CARRAU. La philosophie religieuse en Angleterre, dep. Locke jusqu'à nos jours. 5 fr.
PIDERIT. — Mimique et physiognomonie. 5 fr.
GAROFALO. — La criminologie. 4e édit. 7 fr. 50
— Superstition socialiste. 5 fr.
G. LYON. — L'idéalisme en Angleterre au XVIIIe siècle. 7 fr. 50
P. SOURIAU. — L'esthét. du mouvement. 5 fr.
— La suggestion dans l'art. 5 fr.
F. PAULHAN. — L'activité mentale. 10 fr.
— Les caractères. 1 vol. 5 fr.
PIERRE JANET. — L'automatisme psych. 7 fr. 50
J. BARTHÉLEMY-SAINT-HILAIRE. — La philosophie, la science et la religion. 5 fr.
H. BERGSON. — Essai sur les données immédiates de la conscience. 3 fr. 75
RICARDOU. — De l'idéal. 5 fr.
P. SOLLIER. — Psychologie de l'idiot et de l'imbécile. 5 fr.
ROMANES. — L'évolution mentale chez l'homme. 7 fr. 50
PILLON. — L'année philosophique. Années 1890, 1891, 1892, 1893 et 1894, chacune 5 fr.
PICAVET. — Les idéologues. 10 fr.
GURNEY, MYERS et PODMORE. Hallucinations télépathiques. 2e édit. 7 fr. 50
L. PROAL. — Le Crime et la Peine. 2e éd. 10 fr.
— La criminalité politique. 5 fr.
ARRÉAT. — Psychologie du peintre. 5 fr.
JAURÈS. — Réalité du monde sensible. 7 fr. 50
HIRTH. — Physiologie de l'art. 5 fr.
BOURDON. — L'expression des émotions et des tendances dans le langage. 7 fr. 50
BOURDEAU. — Le problème de la mort. 5 fr.
NOVICOW. — Luttes entre sociétés hum. 10 fr.
— Les gaspillages des sociétés modernes. 5 fr.
J. PIOGER. — La vie et la pensée. 5 fr.
— La vie sociale, la morale et le progrès. 5 fr.
DURKHEIM. — Division du travail social. 7 fr. 50
MAURICE BLONDEL. — L'action. 7 fr. 50
DELBOS. — Le problème moral dans la philosophie de Spinoza. 10 fr.
J. PAYOT. — Education de la volonté. 4e éd. 5 fr.
CH. ADAM. — La philosophie en France (Première moitié du XIXe siècle). 7 fr. 50
H. OLDENBERG. — Le Bouddha. 7 fr. 50
NORDAU (MAX). — Dégénérescence. 2 vol. 17 f. 50
G. MILHAUD. — Certitude logique. 3 fr. 75
AUBRY. — La contagion du meurtre. 2e éd. 5 fr.
GODFERNAUX. — Le sentiment et la pensée. 5 fr.
BRUNSCHVICG. — Spinoza. 3 fr. 75
LÉVY-BRUHL. — Philosophie de Jacobi. 5 fr.
BOIRAC. — L'idée de phénomène. 5 fr.
F. MARTIN. — La perception extérieure et la science positive. 5 fr.
G. TARDE. — La logique sociale. 7 fr. 50.
— Les lois de l'imitation. 2e édit. 7 fr. 50
CONTA. — L'ondulation universelle. 3 fr. 75
G. FERRERO. — Lois psychologiques du symbolisme. 5 fr.
G. DE GREEF. — Transformisme social. 7 fr. 50
CRÉPIEUX-JAMIN. — L'écriture et le caractère. 3e édit. 7 fr. 50
J. IZOULET. — La cité moderne. 2e éd. 10 fr.
BEAUNIS ET BINET. — L'année psychologique

www.ingramcontent.com/pod-product-compliance
Ingram Content Group UK Ltd.
Pitfield, Milton Keynes, MK11 3LW, UK
UKHW021849190726
13855UKWH00001B/222

9 782013 340939